Andreas Kurte

Sieben Jahre in Deiner Welt

Briefe an meinen demenzkranken Vater

Andreas Kurte

Sieben Jahre in Deiner Welt

Briefe an meinen demenzkranken Vater

BONIFATIUS

Bibliografische Information der Deutschen Nationalbibliothek:
Die Deutsche Nationalbibliothek verzeichnet diese Publikation in der Deutschen Nationalbibliografie; detaillierte bibliografische Daten sind im Internet über
http://dnb.d-nb.de abrufbar.

Klimaneutrale Produktion.
Gedruckt auf umweltfreundlichem, chlorfrei gebleichtem Papier.

Covergestaltung: Veronika Potthast, HinKucker / Bonifatius GmbH
Coverfoto: pencake / photocase.de
Satz: Bonifatius GmbH, Paderborn
Druck und Bindung: CPI books GmbH, Leck
Printed in Germany
ISBN 978-3-89710-816-5

Weitere Informationen zum Verlag:
www.bonifatius-verlag.de

Inhaltsverzeichnis

Wir wachsen nicht,
wenn die Dinge einfach sind.

Wir wachsen,
wenn wir uns Herausforderungen
stellen müssen.

(Quelle unbekannt)

Msgr. Andreas Kurte, Jg. 1964, Priesterweihe 1990, verschiedene seelsorgliche Tätigkeiten, 2008 bis April 2021 Leiter der Zentralabteilung Pastorales Personal im Erzbischöflichen Generalvikariat und Domkapitular in Paderborn, seit Juni 2021 Pfarrer in Brakel / Kreis Höxter.

Vorwort

Als unser Vater die Diagnose „Demenz“ und „Parkinson“ erhielt, standen meine Schwester und ich hilflos da. Verändert hatte er sich schon seit einiger Zeit. Das haben wir wahrgenommen. Hilflos waren wir, weil wir nicht wussten, wie wir auf diese Veränderung reagieren sollten. Demenz ist heute für viele Menschen ein Schreckgespenst. Die Diagnose erzeugte auch bei uns Angst. Werden wir die Herausforderungen, die möglicherweise auf uns zukommen, überhaupt bewältigen können? Ängste waren auch bei unserem Vater da. Er spürte, dass er immer mehr auf die Hilfe anderer angewiesen sein würde und schon jetzt viele Dinge nicht mehr allein regeln konnte. Nach und nach haben wir uns mit der Krankheit auseinandergesetzt. Wir haben erlebt, dass die Zeit der Erkrankung nicht nur durch Verlusterlebnisse gekennzeichnet war. Bei allen Herausforderungen war es auch eine erfüllte Zeit. Meine Schwester Kornelia und ich sind dankbar, dass wir die Möglichkeit hatten, unseren Vater fast sieben Jahre im häuslichen Umfeld zu begleiten, zu pflegen und die unterschiedlichen Stadien der Krankheit mit ihm zu durchleben. Dies war nur möglich durch ein Netz der Unterstützung, ohne das wir diese Aufgabe nicht hätten bewerkstelligen können.

Heute kann ich sagen: Die Zeit der Krankheit war nicht nur Schrecken. Wir haben versucht, ihm und uns das Leben so zu gestalten, dass es eine lebenswerte Zeit war, mit allen Höhen und Tiefen, die wir im Vorfeld nie erahnt hätten.

„Briefe an meinen demenzkranken Vater" lautete der Untertitel dieses Buches. Die Briefe sind nach seinem Tod entstanden. Sie sind meine Form, um mich im Nachhinein mit der Krankheit und deren Verlauf auseinanderzusetzen. Demenz ist nicht gleich Demenz! Demenz ist ein Sammelbegriff für Erkrankungen, bei denen die geistigen Fähigkeiten des Kranken angegriffen werden, vor allem das Gedächtnis. Die offizielle Beschreibung von Demenz lautet „neurokognitive Störung". Nicht jeder hat die Möglichkeit und die Kraft, seinen Angehörigen über so lange Zeit zu Hause zu pflegen. Nicht jeder Demenzkranke reagiert im Verlauf der Krankheit so wenig aggressiv wie unser Vater. Das hat uns Vieles leichter gemacht. Dieses Buch will eine Ermutigung für betroffene Angehörige sein, ihren Weg zu finden, mit der Krankheit ihres Angehörigen zu leben und sich in die andere Welt eines Demenzkranken hineinzuversetzen. Es ist gleichzeitig ein Plädoyer an uns alle, sich stärker mit der „Volkskrankheit Demenz" auseinanderzusetzen. Jeden kann es einmal treffen! Und jeder Betroffene hat ein Recht auf ein menschenwürdiges Leben. Mein Dank gilt Claudia Auffenberg für die Ermutigung, „ein Buch über das Erlebte zu schreiben". Dem Bonifatius-Verlag in Paderborn danke ich für die Aufnahme in das Verlagsprogramm.

Paderborn, am 10. Februar 2019
Heute wäre unser Vater 90 Jahre alt geworden.

Andreas Kurte

Vorwort zur 2. Auflage

Ich freue mich, dass der Bonifatius Verlag das Buch „Sieben Jahre in deiner Welt“ erneut in das Verlagsprogramm aufnimmt. Die erste Auflage ist nun nach zwei Jahren vergriffen! Was ursprünglich als „meine Form, um mich im Nachhinein mit der Krankheit meines Vaters und deren Verlauf auseinanderzusetzen“ gedacht war, ist auf eine enorme Resonanz gestoßen. Ich habe keinen Ratgeber geschrieben, kein Handbuch, sondern einfach einen Erfahrungsbericht. Und dieser Erfahrungsbericht hat die Lesenden und Zuhörenden angeregt, über das Thema Demenz ins Gespräch zu kommen oder für sich selbst darüber nachzudenken. Interviewanfragen von Zeitschriften und Fernsehsendern bin ich in den letzten zwei Jahren ebenso gerne nachgekommen wie deutschlandweiten Lesungen in Kirchengemeinden oder Gemeindegruppen, Vorträgen in der Bildungsarbeit, anlässlich von Demenztagen oder in Einrichtungen der Altenpflege.

Etwas ist hinzugekommen, was beim Verfassen der „Briefe an meinen demenzkranken Vater“ im Jahre 2019 noch keine Rolle gespielt hat: Corona! Das Thema Corona hat unserer Gesellschaft massive Grenzen aufgezeigt. Menschen wurden verunsichert und bisherige Lebensabläufe in Frage gestellt. Das betraf die Gruppe der von Demenz betroffenen Menschen und deren Angehörige in besonderer Weise. Demenzerkrankte sind oft nicht mehr in der Lage, den Sinn von Schutzmaßnahmen und Verhaltensregeln zu verstehen. „Der Lappen vor der Nase stört mich“, so beschwert sich ein alter Mann, „warum muss ich den tragen?“ Und eine alte Frau wundert sich immer wieder über den Mindestabstand: „Wir sind doch immer beieinandergesessen ... und warum trifft sich denn die Gruppe nicht mehr, zu der ich doch jeden Tag gegangen bin?“ „Die haben mich nicht mehr lieb“, sagt die alte Dame in der Pflegeeinrichtung über ihre Angehörigen. Sie versteht nicht, warum sie in der ersten Phase des Lock-Downs seit Wochen keinen Besuch von ihrer Familie mehr erhält.

Meine Schwester und ich haben uns oft gefragt, wie unser Vater mit dieser Situation umgegangen wäre. Verstanden hätte er sie sicher nicht. Wie sollte er auch, wo es für ihn ohnehin schon schwer bis unmöglich war, Dinge kognitiv zu erfassen.

2020 war auch das Jahr des einsamen Sterbens. Infektiologisch war es sicher sinnvoll, wie in den Krankenhäusern und Pflegeeinrichtungen gehandelt wurde, zumal mit dem wenigen Wissen, das man zu Anfang der Pandemie hatte. Aber es hat auch viel Leid, Verzweiflung und Trauer ausgelöst. Die Menschen sind einsamer gestorben und konnten sich weniger von ihren Angehörigen verabschieden.

Die Würde des Menschen ist unantastbar, sagt das Grundgesetz der Bundesrepublik Deutschland. Aber wie sieht es mit dieser Würde in Pandemiezeiten aus? Müssen wir uns nicht neu Gedanken in unserer Gesellschaft machen, wie wir angesichts möglicher neuer Pandemien gerade in den Pflegeeinrichtungen mit den Bewohnern umgehen? Welches Altwerden und welches Sterben halten wir für menschenwürdig und was braucht es, um ein solches gewährleisten zu können? Vor diesen Fragen sollten wir uns nicht drücken, vor allem nicht in Zeiten von Corona – und auch nicht danach.

Demenz ist der verdrängte Schatten der Neuzeit[1] und gleichzeitig unübersehbar Teil der gesellschaftlichen Wirklichkeit: 1,5 Millionen an Demenz erkrankte Menschen leben heute in Deutschland. Bei den über 90-Jährigen ist inzwischen nahezu jeder Dritte betroffen. Daneben nimmt aber auch die Zahl der Früherkrankten (jünger als 65) stetig zu. Laut Prognosen werden diese Zahlen in den kommenden Jahrzehnten weiter steigen. Dennoch bleibt diese Wirklichkeit im gesellschaftlichen Leben häufig verborgen: Erkrankte werden meist von ihren Angehörigen zu Hause betreut. Aus Scham und Angst vor Zurückweisung ziehen sich betroffene Familien oft in die eigenen vier Wände zurück. Die vielen alltäglichen Herausforderungen und Schwierigkeiten versuchen sie aus eigener Kraft zu meistern. Die Verunsicherung von Freunden, Nachbarn und Gesellschaft verstärkt diese Vereinsamung.

Im Rahmen meiner Lesungen habe ich gespürt, dass die „Briefe an meinen demenzkranken Vater" vielleicht ein kleiner Beitrag sind und waren, um das Thema Demenz aus dem Schatten der Neuzeit herauszuholen. Ich habe gespürt:

1 Foucault, Michel, Wahnsinn und Gesellschaft, franz. 1961, dt. Frankfurt 1973, hier: Die Gruppe der Demenz, S. 256.

Das Thema macht betroffen, nicht nur diejenigen, die als Angehörige betroffen sind. Oft bin ich nach der Lesung und dem Erfahrungsaustausch selbst als Beschenkter nach Hause gefahren. Neues habe ich dazugelernt, kontrovers diskutiert. Mir ist noch einmal bewusst geworden, wie viel Hilfe und Begleitung es heute bereits gibt, sowohl für Angehörige als auch für Betroffene.

Als Seelsorger habe ich mich in den Bereich „Gottesdienste mit Demenzkranken" neu vertieft. Auch da ist es wichtig, den Menschen auf Augenhöhe zu begegnen und Verschüttetes in einfachen Worten an die Oberfläche zu heben.

Wie fühlen sich die Symptome einer Demenz an? Das konnte ich bei einem Demenzparcours erleben. Für mich war das ein ganz besonderes Erlebnis, das meinen Erfahrungsschatz um wichtige Aspekte erweitert hat.

Der Demenzparcours ist ein interaktiver Weg, um die Krankheit zu begreifen und so das eigene Verständnis dafür zu fördern. Wie ist das, wenn

- einfache Handlungen nicht mehr umgesetzt werden können
- Gewohntes nicht mehr gelingen will
- Verzweiflung wütend macht

- alle Anstrengung erfolglos bleibt
- man sich nichts mehr zutraut
- Schamgefühle auftreten
- man sich unzulänglich fühlt
- Scheitern droht
- Hilflosigkeit ausgehalten werden muss
- Lust und Interesse verlorengehen?

Das Thema Demenz bleibt aktuell in einer Zeit, in der wir alle eine höhere Lebenserwartung haben!

Auch in meinem persönlichen Umfeld hat die Krankheit in den letzten zwei Jahren immer wieder eine Rolle gespielt. Ich habe erleben müssen, wie Menschen, die mich auf meinem Lebensweg begleitet haben, in ihre eigene Welt versunken sind. Diese zweite Auflage widme ich in Dankbarkeit meinem akademischen Lehrer, dem Paderborner Kirchenhistoriker Prof. Dr. Karl Hengst, der am 30. August 2021 nach einer langen Demenzerkrankung verstorben ist.

Brakel/Kreis Höxter, im November 2021

Andreas Kurte

Abschied auf Raten – langsames Entschwinden

Lieber Papa! Wann haben wir eigentlich das erste Mal gemerkt: Mit Dir stimmt etwas nicht? Eigentlich schon lange, bevor Du die Diagnose „vaskuläre Demenz“ erhalten hast. Den Weg von einer Beerdigung nach Hause hast Du mit dem Auto plötzlich nicht mehr gefunden. Dabei bist Du die Straßen nach Paderborn doch oft gefahren. Auf einmal war Dir die Umgebung fremd. „Was hat sich das hier verändert!“ Deine Äußerung haben wir damals nicht verstanden. Hundertmal bist Du doch in den letzten Jahrzehnten durch die Bahnhofstraße gefahren. Sicher hat sich die Straße in all den Jahren verändert. Aber doch nicht so gravierend. Dir war sie auf einmal fremd! Welche Auseinandersetzungen haben wir miteinander geführt, als wir vorsichtig darauf hingewiesen haben, dass Du kein Auto mehr fahren kannst. Unser gut gemeinter Hinweis hat Dir massiv verdeutlicht: Nun geht vieles in meinem Leben nicht mehr. Das zu akzeptieren, war für Dich schwer. Anderes kam im Laufe der Zeit hinzu. Mehr zufällig haben wir mitbekommen, dass Du Deine täglichen Tablettenrationen nicht mehr selbst sortieren konntest: „Muss ich die jetzt am Morgen oder am Abend nehmen?" Sich einzugestehen: Ich bin jetzt auf die Hilfe anderer angewiesen, hast Du damals mit Recht als Verlust der eigenen Selbstständigkeit empfunden. Dein ganzes Leben hast Du doch die Dinge selbst regeln können. Und jetzt …?

Menschen, die zu Beginn der Demenz selbst mitbekommen, dass sie zunehmend auf fremde Hilfe angewiesen sein werden, reagieren wütender und verzweifelter als alte, nicht erkrankte Menschen, die auch nicht mehr alles selbst können.[2] Oft haben wir Dich deshalb in dieser Zeit aggressiv erlebt. Wir wussten nicht, was mit Dir los ist. Wir wussten nur: Etwas stimmt nicht. Und dann fing der unkontrollierte Speichelfluss an. Was ist das nun? Und Du hast plötzlich beim Aufstehen das Bein nachgezogen: „Papa, du musst dir den Mund abputzen und was ist mit deinem Bein?" Unser gut gemeinter Rat-

2 Udo Baer/ Gabi Schotte-Lange, Das Herz wird nicht dement. Rat für pflegende und Angehörige. <Weinheim 2017> S. 119.

schlag hat Dich eher rasend gemacht: „Ich kann doch nichts daran ändern!" Ohne Gehstock ging es auf einmal nicht mehr. Wir wussten immer noch nicht, was mit Dir los war. Erst später haben wir erfahren, dass das Anzeichen der beginnenden Parkinsonerkrankung waren. Eine Zeit, in der wir uns sicher gegenseitig das Leben schwer gemacht haben. Dann Deine Oberschenkelfraktur. Im Krankenhaus und in der sich anschließenden Reha haben wir für Dich gekämpft: „Du musst wieder auf die Beine!" Von der Angst und der Unsicherheit, die Dir dieses für Dich fremde Umfeld gemacht haben, wollen wir ganz schweigen. Da wurdest Du kurzerhand ruhiggestellt. Nach acht Wochen ging es wieder nach Hause. Dein neues Zuhause war nicht mehr unser Elternhaus, sondern die Wohnung meiner Schwester: Dein Sessel, Dein Pflegebett, Dein Rollator. Die Wohnung war Dir nicht unbekannt. Das häusliche Umfeld hat wesentlich dazu beigetragen, dass Du Dich schnell erholt hast. Und wir haben dank der guten und verantwortungsbewussten Betreuung durch den Hausarzt all das absetzen können, was Du an beruhigenden Mitteln erhalten hast. Vieles konntest Du in der frühen Phase der Erkrankung noch selbst bewerkstelligen. Sogar Zeitung lesen war möglich und Spaziergänge durch unser Viertel. Wir haben Fahrten unternommen und den gemeinsamen Urlaub auf der Insel Föhr genossen. In ganz kleinen Schritten wurde es weniger. Die Spaziergänge kürzer. Die Gefahr zu stürzen nahm zu. Du hast immer einen guten Schutzengel gehabt. Außer ein paar harmlosen Blessuren ist Gott sei Dank nichts Gravierendes passiert. Die Parkinsondosierung musste schrittweise erhöht werden, bis zuletzt die Diagnose „austherapiert" hieß. Bilder am Fernsehen hast Du im späteren Verlauf der Krankheit als Realität wahrgenommen: „Was macht denn die Königin von England bei uns?" Sie war auf dem Bildschirm – für Dich war sie in unserem Wohnzimmer. Die logopädischen Übungen waren anfänglich hilfreich, später konntest Du damit nichts mehr anfangen. Für einige Zeit erregte der Hund Ronja Deine Aufmerksamkeit. Später konntest Du auch mit ihm nichts mehr anfangen. Aus der einmaligen wöchentlichen Physiotherapie wurden drei Anwendungen. Wir wollten Dich möglichst lange beweglich halten. Immer gebeugter gingst Du, zum Schluss nur noch wenige Schritte im Haus und das auch nur mit unserer Unterstützung. Der Rollstuhl wurde immer mehr Dein Begleiter. Gesegnet sei, wer den erfunden hat! Auch diese „Spaziergänge“ waren Dir wichtig. In der Natur warst Du immer gerne. Eine Veränderung haben wir in den Jahren auch bei Besuchen wahrgenommen: Die Menschen, die zu uns kamen, hast Du freundlich wahrgenommen, aber wer das war? Das wusstest Du nicht mehr. Lange hast Du Deine Eltern auf den alten Familienfotos erkannt. Zuletzt waren das nur noch ein Mann und eine Frau. Und uns, Deine Kinder, konntest Du immer weniger mit unseren Namen ansprechen. Du wusstest nicht mehr, wer wir sind. Anfänglich konntest Du alle Mahlzeiten noch selbst zu Dir nehmen. Aber auch das Essen und Trinken wurde in kleinen Schritten schwieriger. Fast eineinhalb Jahre haben wir Dir die Nahrung reichen müssen. Flüssigkeit konntest Du nur noch mit einem Löffel oder dem Strohhalm aufnehmen.

Für uns und für Dich war es ein Abschied auf Raten. Für Dich war es ein immer größer werdender Kontrollverlust über das eigene Leben. Das Steuer mussten nun wir in die Hand nehmen. Das war schmerzhaft! Du warst natürlich weiter unser Vater, aber eigentlich warst Du schon lange nicht mehr der Vater, den wir von früher kannten. Den uns bekannten Menschen haben wir in kleinen Schritten zunehmend verloren. Die Ehefrau eines Demenzkranken hat es einmal so ausgedrückt: „Ich lebe mit einem lebenden Leichnam zusammen, der aussieht wie mein Ehemann." Der Trauerprozess und das Abschiednehmen haben für uns weit vor Deinem Tod eingesetzt. Es war eine langsame Reise ins Vergessen …

Wir werden alle mal alt …

Lieber Papa, wir werden alle mal alt … Viel habe ich in den letzten Jahren über diesen Satz nachgedacht. Natürlich werden wir alle mal alt, hoffentlich! Aber wie? Dank des medizinischen und technischen Fortschritts steigt die Lebenserwartung der Menschen seit der Industrialisierung um durchschnittlich drei Monate pro Jahr. Für Menschen, die heute 30 Jahre oder jünger sind, wird ein Lebensalter von mehr als 90 eher die Regel als die Ausnahme sein. Ein Kind, das heute in Deutschland geboren wird, hat gute Chancen, seinen 100. Geburtstag zu erleben. Tolle Aussichten! Wenn ich fit bin. Aber was ist, wenn ich die Dinge im Alter nicht mehr allein geregelt bekomme? Du hattest uns, das ermöglichte Dir den Verbleib in Deinem gewohnten Umfeld. Aber wo werde ich einmal bleiben? Das ist nicht nur, aber auch die Frage für Singles. Heute liegt in Großstädten der Anteil der Single-Haushalte bei 50 Prozent. Unabhängigkeit, die in jungen Jahren trendy und cool ist, erweist sich im Alter als Falle. Den Menschen fehlt das soziale Netz, viele leiden unter Einsamkeit. Auch Ehepaare setzen sich mit dem Thema „Leben im Alter" auseinander. Will ich meinen Kindern zumuten, dass sie mich mal pflegen? Machen die das überhaupt? Geht das überhaupt, weil die Kinder weit weg sind und dort ihre eigenen Familien haben? Alten- und Pflegeheime sind für manche die optimale Lösung. Du, Papa, wärst dort untergegangen! Du hättest Angst bekommen vor dem Dir unbekannten Umfeld. Die Einbindung von Wieslawa, Deiner Betreuerin in die häusliche Umgebung, einschließlich der Betreuung durch uns war eine optimale Lösung. Fest eingebunden in ein familiäres Netz rund um die Uhr. Wir werden das im Alter sicher nicht haben. Mehrgenerationenhaus? Eine gute Möglichkeit, im Alter zusammenzuwohnen. Aber was ist, wenn ich ein Pflegefall werde? Die Zahl der Pflegebedürftigen in unserem Land wird in den kommenden Jahrzehnten rasant wachsen, laut Statistischem Bundesamt bis zum Jahr 2050 von derzeit gut 2,6 Millionen auf rund 4,5 Millionen. Gleichzeitig gibt es weniger Pfleger pro Patient. Am Tag Deiner Beerdigung, lieber Papa, stand in der Zeitung ein großer Artikel über Pflegeroboter. Wird das die Zukunft sein? Die Zukunft ist schon angekommen! In Japan z. B., wo der demografische Wandel noch weiter fortgeschritten ist als in Deutschland, gibt es Pflegeroboter mit starken Armen, die alte Menschen aus dem Bett hieven können. Es gibt Teddybären mit elektronischem Kern, mit denen Demente kuscheln können. Eine Elektronikfirma brachte vor Jahren gar einen Vollwaschautomaten für Pflegebedürftige auf den Markt: Die Senioren wurden einfach vom Pfleger in das eiförmige Behältnis gesetzt und dann wurde der alte Mensch mit Schaum und Wasserdüsen abgewaschen. Mittlerweile ist die Produktion der Menschenwaschmaschine zwar eingestellt, aber nicht, weil sie von den Senioren nicht angenommen wurde, sondern weil sie mit umgerechnet rund 45.000 € Verkaufspreis einfach zu teuer für die meisten Pflegeeinrichtungen war. Von Privathaushalten ganz zu schweigen.

Die Herausforderungen in unserem Land ähneln denen der Asiaten: Eine sinkende Zahl an Pflegekräften muss die steigende Zahl an Senioren betreuen, die ihren Alltag nicht mehr selbst bewältigen können. Es fehlt nicht nur an Menschen, sondern auch an Geld der Kranken- und

Pflegekassen, um in Zukunft noch viel mehr Pflegebedürftige versorgen zu können.

Lieber Papa, über Deine Todesanzeige haben wir ein Zitat aus dem Johannesevangelium geschrieben: „Als du jünger warst, hast du dich selbst gegürtet und gingst, wohin du wolltest. Wenn du aber alt geworden bist, wirst du deine Hände ausstrecken und ein anderer wird dich gürten und dich führen ..." (Joh 21,18). Wenn ich mir als Mittfünfziger Gedanken über mein Altwerden und Altsein mache, dann hat das nichts mit Lebensmüdigkeit zu tun. Vielmehr geht es für mich darum, dieses für viele unliebsame Thema in mein Leben hineinzulassen und mir Gedanken darüberzumachen. Denn wir werden alle mal alt. Unsere Lebensressourcen und -energien sind nicht unerschöpflich. Das betrifft mich persönlich. Es geht aber auch darum, dass wir uns mit Blick auf die zu erwartenden Zahlen an alten Menschen in unserer Gesellschaft Gedanken dazu machen, wie wir uns dieser Herausforderung stellen. Diese Herausforderung betrifft Junge und Alte zugleich.

Ich werfe einen Blick in die Bibel. Alt zu werden, wird in der Bibel als ein Segen bezeichnet. In den biblischen Geschichten sterben die einen alt und lebenssatt, die anderen viel zu früh. Manche Texte beschreiben die Mühsal des Alters, andere die schönen Seiten. Methusalem, der älteste Mann der Bibel, wurde sogar 969 Jahre (Gen 5) alt. Die Zahl 969 ist symbolisch zu verstehen. Sie steht für ein erfülltes und sattes Leben. Abraham, Sarah, Isaak, Ismael und die anderen Personen der Vätergeschichte erreichten ein hohes Lebensalter. Und von Mose heißt es: „Mose war 120 Jahre alt, als er starb. Seine Augen waren nicht schwach geworden und seine Kraft war nicht verfallen." (Dtn 34,7). In Psalm 90 wird eine Lebensspanne genannt, die am ehesten unseren Erfahrungen entspricht: „Unser Leben währt siebzig Jahre, und wenn's hochkommt, so sind es achtzig Jahre …" (Ps 90,10). All diese Altersangaben prägten die Redewendung vom „biblischen Alter". In der biblischen Tradition gibt es auch zahlreiche Texte, die eindrücklich die Mühsal des Alters beschreiben. Sie drücken die Erfahrungen mit dem Alter und den Alten aus.

Die Bibel kennt also die Vielfalt des Alters. Doch, wie immer es sein wird, immer steht darüber das Versprechen Gottes, uns Menschen in allen Phasen unseres Lebens zu begleiten: „Bis in euer Alter bin ich derselbe, und ich will euch tragen, bis ihr grau werdet. Ich habe es getan; ich will heben und tragen und erretten." (Jes 46,3 u. 4).

Schon 1953 machte der Theologe Romano Guardini (1885-1968) in einer kleinen Schrift „Die Lebensalter" darauf aufmerksam, dass in Zukunft immer mehr alte Menschen in unserer Gesellschaft leben werden. Er verband diese Erkenntnis mit Aufforderungen, die an die Mahnungen des Buches Jesus Sirach zum Umgang mit den Vorfahren erinnern: Niemand altert für sich allein. Alles Altern ist eingebettet in gesellschaftliche Zusammenhänge – und die entscheidende Frage ist: Sind dies liebende Zusammenhänge, die von gegenseitiger Achtung der Generationen untereinander geprägt sind?

„Das Problem des Alterns besteht darin, dass der Mensch es annehme, seinen Sinn verstehe und ihn verwirkliche. Etwas anderes muss aber hinzugefügt werden: Es hängt viel davon ab, dass die Allgemeinheit ebenfalls und ihrerseits das Alter annehme. Es hängt viel, auch in soziologischer und kultureller Beziehung, davon ab, dass verstanden werde, was der alternde Mensch im Zusammenhang des Ganzen bedeutet. Dass der gefährliche Infantilismus überwunden werde, nach welchem nur junges Leben menschlich wertvoll ist. Doch ergibt sich daraus die Folgerung, die Allgemeinheit müsse ihrerseits dem alternden Menschen die Möglichkeit geben, sein Altern richtig zu vollziehen, denn das

hängt nur zu einem Teil von ihm, zum anderen davon ab, ob seine Umgebung, seine Familie, sein Freundeskreis, darüber hinaus aber auch der soziale Zusammenhang, die Gemeinde, der Staat ihm jene Lebensbedingungen geben, die er selbst sich nicht geben kann."[3]

Lieber Papa, „Altern ist kein Kinderspiel"[4]. Altern ist eine ernstzunehmende Aufgabe – für den einzelnen Menschen wie auch für die Menschen, die den Alten umgeben. Du warst für uns Kundschafter für etwas, was wir in der einen oder anderen Form noch vor uns haben. Alte Menschen sind deshalb unsere Lehrmeister. Sie gehen uns voraus und sie sind uns voraus, indem sie in Erfahrungsräume eingetreten sind, die wir uns noch erschließen müssen. Deshalb ist es klug, offen zu sein für solche Erfahrungen, den Mut zu haben, sich ihnen auszusetzen.[5] Altern ist der natürliche Gang der Dinge, wir alle unterliegen dem Gesetz von Werden und Vergehen. Doch in unserer gesamten Person erleben wir diesen natürlichen Verlauf nicht nüch-

---

3 Romano Guardini, Die Lebensalter. Ihre ethische und pädagogische Bedeutung. <Mainz 1953> S. 98f.

4 Josef Epp, Weichen stellen. Inspirationen für eine selbstbestimmte dritte Lebensphase. <Ostfildern 2016> S. 57.

5 Andreas Heller/ Patrick Schuchter, Sorgekunst. Mutbüchlein für das Lebensende. <Esslingen 2017> S. 64.

tern und distanziert, sondern es geht um uns. Mit der Breite unserer Gefühle erfahren wir die Veränderungen auf unserem Weg. Es wäre realitätsfern, die Lasten und die bedrückenden Seiten des Alters zu ignorieren oder sie schönzureden. Nur dann können wir Einfluss nehmen, wenn wir uns den Realitäten stellen. Älter werden ist ein Prozess des Loslassens. Loslassen, das gilt für alle Menschen. In der Demenz müssen die Betroffenen noch mehr zurücklassen, als das Ältersein ohnehin schon mitbringt. Die Erkrankung reduziert die Fähigkeit, sich in der Welt und in sich zurechtzufinden.[6] Je unsicherer und bedrohter sich Menschen fühlen, desto wichtiger ist ihnen Vertrautes und Geborgenheit. Für den Dementen ist das Achten seiner Gewohnheiten wichtig. Und eine Umgebung, in der er sich leicht zurechtfindet. Das haben wir versucht, Dir zu ermöglichen.

6 Baer/Schotte-Lange, Das Herz wird nicht dement, S. 36.

Lebenswertes Leben – Leben in Fülle?

Lieber Papa, wann ist ein Leben lebenswert? Diese Frage hat uns in all den Jahren Deiner Demenzerkrankung beschäftigt. Nicht, weil wir sie uns gestellt haben. Vielmehr haben andere, die das Fortschreiten Deiner Krankheit nur am Rande miterlebt haben, geurteilt: „Das ist doch kein lebenswertes Leben mehr …"

Ich habe mich gefragt: Was macht Dein Leben in dieser Situation eigentlich lebenswert? Eine schwere Frage. Welche Kriterien legen wir in unserer Gesellschaft an? Ist Erfolg das Maß für ein lebenswertes Leben? Oder wenn ich mein Leben selbstständig ohne die Hilfe anderer regeln kann? Ist das Leben lebenswert, wenn ich Ansehen genieße und für die Gesellschaft eine Leistung erbringe? All das traf in den letzten Jahren auf Dich nicht mehr zu. Ich glaube, wir müssen uns mit der Frage nach dem Wert des Lebens bei einem Demenzkranken beschäftigen. Denn Deine Krankheit ist in unserer Zeit und erst recht in der Zukunft kein Einzelfall. Demenz ist bereits heute eine Volkskrankheit! Demenz ist die massivste Infragestellung des Menschseins und des Menschenbildes: wenn jemand nicht mehr als der erkannt wird, der er oder sie einmal war? Die Krankheit wirft Fragen auf, die in die Tiefe gehen: Was ist Identität? Was Personalität? Wie wirkt sich das krankhafte Vergessen auf das Verständnis vom Menschsein aus? Wie geht das Leben in der Paradoxie, die wir erleben? Die Menschen werden immer älter, aber niemand möchte alt sein. Wenn man schon alt wird, dann aber bitte jugendlich alt sein. Ist ein gutes und lebenswertes Alter nur ein fittes Alter? Romano Guardini betont mit Recht: *„Denn auch das Alter ist Leben. Es bedeutet nicht nur das Ausrinnen einer Quelle, der nichts mehr nachströmt; oder das Erschlaffen einer Form, die vorher stark und gespannt war; sondern es ist selbst Leben von eigener Art und eigenem Wert.“*[7]

Die Freiheit des Einzelnen, das Recht auf Selbstbestimmung sind Kernelemente eines modernen und demokratischen Staates. Wäre es nicht angemessen und ethisch vertretbar, in

---

7 Romano Guardini, Vom Altwerden. In: Arzt und Christ 3 <1957> S. 108.

einem reichen Land, das den Menschen immer älter werden lässt, sich vom Leid seines vom Zerfall gezeichneten Körpers erlösen zu dürfen? Diese Frage wird heute heftig diskutiert.[8] Wir haben sie uns nicht gestellt. Denn in all den Jahren Deiner Krankheit haben wir, wenn auch erst nach und nach entdeckt, dass Romano Guardini recht hat: Auch das Alter ist Leben. Und trotz Deiner Erkrankung, die Dich immer mehr eingeschränkt hat, war Dein Wille zum Leben stark. Es war ein Leben von ganz eigenem Wert. Nicht nur Schrecken und Horror! Lebenswerte Jahre – auch für Dich!

Lebenswert waren diese Jahre, weil Du sie in Deinem gewohnten Umfeld verbringen konntest mit einem kaum wechselnden Kreis von Menschen, die Dich betreut haben. Das hat Dir Stabilität gegeben. Wir, und die, die Dich in all den Jahren unterstützten, haben im Rahmen Deiner und unserer Möglichkeiten viel mit Dir unternommen. Der tägliche Spaziergang mit dem Rollator, später im Rollstuhl. Das gemeinsame Mittagessen. Wir konnten Dir ansehen, dass die gut zubereiteten Mahlzeiten für

8 Vgl. u. a. Hans Stolp, Demenz. Wenn sich die Seele zurückzieht. <Grafing 2016> S. 47f. - Walter Jens / Hans Küng, Menschenwürdig sterben. Ein Plädoyer für Selbstverantwortung. <München 2011>.

Dich Lebensqualität bedeuteten. Wenn ich nur an unsere Ausflüge am Sonntag mit dem Auto denke. Zeit Deines Lebens bist Du gerne Auto gefahren. Deinen Augen konnte man ansehen, dass Du diese Ausflugsfahrten genossen hast. Gesehen hast Du Dein Umfeld: Was ist da alles um mich herum? Was Du letztlich wahrgenommen hast, das bleibt uns im Innersten verborgen. Jedenfalls bin ich fest davon überzeugt, dass Du nicht geistig tot warst. Ich denke an unsere Urlaubsfahrten an die Nordsee oder in den Schwarzwald. Bepackt mit all den Hilfsmitteln, die Menschen benötigen, deren Leben wie bei Dir eingeschränkt ist. Das war für Dich lebenswertes Leben, Abwechslung, raus aus den vier Wänden. Natürlich mithilfe derer um Dich herum. Ohne die ging es nicht mehr.

Dennoch, Deine Krankheit war nicht nur „Hölle im Kopf", „Verlöschen" oder „geistiger Tod", sondern auch eine Form des Lebens, die trotz aller Einschränkungen Momente der Zuwendung und des Glücks enthalten hat.[9] Lebenswertes Leben – ein Leben in Fülle. Ich schlage in

9 Thorsten Meireis, Demenz. Effizienz und gutes Leben. In: Melanie Werren, Frank Mathwig, Thorsten Meireis (Hg.), Demenz als Hölle im Kopf? Theologische, philosophische und ethische Perspektiven. <Zürich 2017> S. 30.

der Bibel nach und bleibe im Johannesevangelium hängen. Ein Leben in Fülle, das verspricht der gute Hirte: „Ich bin gekommen, damit sie das Leben haben und es in Fülle haben" (Joh. 10,10). Und ich schaue bei Wikipedia nach. Dort wird Leben in Fülle folgendermaßen definiert: „Das Wort ‚Leben in Fülle' bezeichnet im religiösen Kontext ein erfülltes, nach ethischen Grundsätzen ausgerichtetes, im Wesentlichen zufriedenes Leben. Freiheit von Leid kann damit nie verbunden sein, aber das Gefühl, im Einklang mit dem eigenen Gewissen und damit weitgehend auch mit Gott zu leben."[10]

Was brauche ich wirklich, um zufrieden zu sein? Einen liebevollen Blick auf mein Leben auch mit allen Begrenzungen. Dieses Leben mit den Begrenzungen gilt es auszuschöpfen. Nicht defizitorientiert auf das Leben schauen, sondern die Möglichkeiten, die ich habe, ausschöpfen, auch mit der Demenzkrankheit. Dazu bedarf es manchmal einer gehörigen Portion Kreativität. Die Möglichkeiten während Deiner Krankheit haben wir ausgeschöpft. Die Grenzen mussten wir akzeptieren und die Möglichkeiten immer wieder anpassen. In diesem Sinne waren die sie-

10 https://de.wikipedia.org/wiki/Leben_in_Fülle

ben Jahre mit allem, was Du noch erleben konntest, erfüllte und lebenswerte Jahre.

„Wenn so viele Menschen in eine eigene Welt abtauchen, dann müssen sich die Gesunden fragen, wie sie sich dazu stellen. Ist das Leben nur lebenswert, wenn man alles im Griff hat? Kann man nur miteinander kommunizieren, wenn man sich sprachlich und intellektuell verständigen kann? Wir werden nicht darum herumkommen, neue Formen der Kommunikation zu finden, uns einander noch echter und authentischer zu zeigen und eine verlässliche Solidarität … aufzubauen.“ [11]

Das Problem liegt darin, dass die Werte und Vorstellungen der Gesunden mit ihrer Lebensempfindung und Gedankenwelt nicht mehr die des Demenzkranken sind. „Der Menschheit Würde ist in eure Hand gegeben. Bewahret sie! Sie sinkt mit euch! Mit euch wird sie sich heben!“ (Friedrich Schiller, „Der Künstler“)

---

11 Vreni Mühlemann-Vogelgesang, Schritte ins Offene. Heft 2 <2009> S. 3.

Die andere Welt – Mit der Krankheit leben

Lieber Papa, wie sehr hat Deine Krankheit Dich verändert. Das hat uns erschüttert! Denken, Gedächtnis, Lernen, Orientierung und Sprache, Deine Gehirnfunktion haben mehr und mehr nachgelassen. Gerade am Anfang hat es nicht unerhebliche Spannungen gegeben, weil wir diese Veränderungen nicht verstanden haben und nicht entsprechend deuten konnten. Wie denn auch, die Krankheit war uns fremd und noch fremder die Welt, in die Du Dich langsam hineinbewegt hast. Mit Logik hatte das wenig zu tun. Und große Diskussionen darüber, warum die Dinge nicht so sind, wie Du sie wahrnimmst, haben uns auch nicht weitergebracht. Uns war vieles unverständlich und seltsam. Alltagssituationen, die für uns ganz normal waren, schienen für Dich unüberschaubar und chaotisch.

Erst langsam haben wir gelernt, die andere Welt, in der Du lebst, zu erkennen, anzuerkennen und zu begreifen. Vielleicht haben wir so eine Ahnung davon bekommen, welcher Hilflosigkeit oder gar Angst Du manchmal ausgesetzt warst. Wer einen Demenzkranken pflegt, der muss sich auf diesen Weg einlassen. Für uns ein wichtiger Schritt, das Leben für Dich und für uns als pflegende Angehörige ertragbar und lebenswert zu gestalten. Schnell haben wir herausgefunden, wie wichtig für Dich der geregelte Tagesablauf war. Jeden Tag das gleiche Schema: 8.00 Uhr Tabletten einnehmen und Tee trinken, 9.00 Uhr aufstehen, Toilettengang, Waschen, Anziehen, Frühstück, dann wurdest Du in Deinen Sessel am Fenster gesetzt. Anfänglich hast Du noch die Zeitung durchgeblättert, später war das nicht mehr möglich. Zwischendurch eine geschälte Kiwi. Um 13.00 Uhr Mittagessen. Soweit es uns möglich war, haben wir alle mit Dir gemeinsam am Tisch gesessen. Dann der Mittagsschlaf in Deinem Sessel. Der nachmittägliche Spaziergang, im Sommer im Garten unter dem alten Apfelbaum sitzen, ein wenig Fernsehen, 18.30 Uhr Füße waschen und Füße eincremen, 19.00 Uhr Abendbrot, dann Fernsehen und um 20.45 Uhr zu Bett gehen. Sieben Jahre täglich der gleiche Ablauf. Dir hat es gutgetan. Du brauchtest diese ständige Wiederkehr.

Kaum ein Ortswechsel, kaum ein Wechsel von Bezugspersonen um Dich herum. Diese einfache und überschaubare Welt gab Dir Halt und Sicherheit.

Selten haben wir erlebt, dass Du ängstlich oder aggressiv reagiert hast. Unser Dasein, Blickkontakt, Berührungen haben dir Wärme, Nähe und Sicherheit vermittelt. Aus Gesprächen mit anderen haben wir gelernt, dass jeder Mensch die Demenz auf individuelle Weise durchläuft. Demenz ist nicht gleich Demenz. Jeder gleitet anders in die eigene Welt ab. Bei Dir war es ein langsames Entgleiten. Zum Schluss hast Du nur noch wenig gesprochen und wirktest oft teilnahmslos. Die sprachliche Ebene wurde im Laufe der Krankheit immer mehr zerstört. Umso wichtiger waren uns die Botschaften auf der Beziehungsebene. Oft warst Du nicht in der Lage, Dich verbal auszudrücken. Und doch waren wir fest davon überzeugt, dass Du vieles um Dich herum wahrgenommen hast. Kommunikation geschieht eben immer auf zwei Ebenen: auf der inhaltlichen Ebene und auf der Beziehungsebene. Auf unsere Frage: „Bist du zufrieden?“, hast Du immer mit „Ja“ geantwortet. Und wir hatten das Gefühl, dass Du wirklich zufrieden warst. Jeden Tag haben wir neu hingeschaut, wie Du reagierst in den unterschiedlichen Situationen.

Das gute Beobachten ist ein Grundprinzip bei der Pflege von Demenzkranken. Genauso wichtig war es, sich nicht auf Deine Defizite zu konzentrieren, sondern auf das, was Du noch konntest. Für Angehörige eines Demenzkranken ist eine wichtige Grundregel: Seine jeweilige Verfassung ist der Maßstab. Das erfordert Pioniergeist, Bereitschaft zum Ausprobieren. Als Du mit der Logopädie und deren Übungen nichts mehr anfangen konntest, haben wir gemerkt, dass Du auf Ronja, den Hund, ansprichst. Du hast ihn gefüttert, gestreichelt, mit ihm gesprochen. Das Interesse daran ließ im Laufe der Zeit nach. Am Ende konntest Du auch mit dem Hund nichts mehr anfangen. Es hat wenig gebracht, Dich zu korrigieren und Dich in unsere Realität zu zerren. Anfänglich waren wir darauf bedacht, Dir die Defizite vor Augen zu halten in der Hoffnung, dass Du etwas lernst. Das war weder für Dich noch für uns hilfreich. Hilfreich war für uns, Dich in Dein „Anderland“ zu begleiten. Hilfreich war es, empfindsam zu werden für das, was hinter der Fassade, also im Innersten, in Deiner Seele als Demenzkranker passiert.

Nach und nach haben wir gelernt, hinter die Dinge zu schauen. Und nach und nach haben wir verstanden, dass dies die erste und wichtigste Herausforderung für jeden ist, der mit Demenzkranken umgeht und sie pflegt. Der österreichische Autor Arno Geiger schreibt in seinem Buch „Der alte König in seinem Exil" über seinen Alzheimerkranken Vater: *„Der einzig verbliebene Platz für ein Miteinander, das sich lohnte, war die Welt, wie der Vater sie wahrnahm. Wir sagten so oft wie möglich Dinge, die seine Sicht bestätigten und ihn glücklich machten. Wir lernten, dass die Scheinheiligkeit der Wahrheit manchmal das Allerschlimmste ist. Sie brachte die Sache nicht weiter und diente allen schlecht. (…) Die objektive Wahrheit kam oft unter die Räder, es kümmerte mich nicht, denn sie war wertlos. Gleichzeitig gewann ich zunehmend Freude daran, wenn meine Erklärungen in den Bereich der Fiktion abgleiten durften, es gab dabei nur einen Maßstab: je beruhigender für den Vater, desto besser.*"[12]

12 Arno Geiger, Der alte König in seinem Exil. © 2011, Carl Hanser Verlag GmbH & Co. KG München, S. 117f.

Was leben will, soll leben

Lieber Papa, ich denke an einen alten Baum in Paderborn, an dem ich fast täglich vorbeigehe. Er steht sicher schon 200 oder 300 Jahre auf dem kleinen Domplatz. Der Stamm ist mittlerweile geteilt. Was hat er nicht schon alles erlebt! Die Narben am Stamm, die knorrigen Äste sind Zeichen des Erlebten. Von vielen guten Ereignissen der Stadtgeschichte kann er erzählen. Miterlebt hat er aber auch die dunklen Tage der Bombardierung Paderborns im Januar und März 1945. Von den Spuren des Lebens gezeichnet konnten ihn alle Ereignisse nicht zerstören. Er wächst immer noch. Gezeichnet vom Alter – aber ausgestattet mit einem enormen Lebenswillen. Jedes Jahr schlägt er neu aus und treibt seine Blüten und Blätter. Du erinnerst mich an diesen alten Baum. Die Demenz- und Parkinsonkrankheit bestimmten Dein Leben in den letzten Jahren. So wie der alte Baum warst Du vom Alter gezeichnet. Du warst auf die Hilfe anderer angewiesen. Deine Knochen knarrten, ohne Krankengymnastik und die tägliche Bewegung wärest Du sicher noch mehr eingeschränkt gewesen. Wenn ich vor Dir stand, dann habe ich oft gedacht: Was hast Du doch trotz aller Einschränkungen für einen starken Lebenswillen! Was leben will, soll leben! Ich denke an das Buch von Inge Jens, „Langsames Entschwinden“[13], in dem sie ihre Erlebnisse mit ihrem demenzkranken Ehemann Walter Jens schildert. 2013 ist er verstorben. Zuletzt erkannte er niemanden mehr, er hatte vergessen, wie man isst. Inge Jens weiß, dass sie in den Kopf ihres Mannes nicht hineinschauen und er schon seit Jahren nicht mehr sagen konnte, was in ihm vorgeht. Zusammen mit dem Theologen Hans Küng hat Walter Jens ein Buch zur Sterbehilfe verfasst.[14] Darin sagt Jens, dass er niemals so leben wollte, wie er in seinen letzten Lebensjahren gelebt hat. Inge Jens hatte im Verlauf der Krankheit jedoch nicht den Eindruck, dass ihr Mann lebensmüde war. Was lebt, will auch leben. Und sie hatte trotz Fortschreiten der Demenz den Eindruck, dass ihr Mann zwar anders

13 Inge Jens, Langsames Entschwinden. Vom Leben mit einem Demenzkranken <Hamburg 2016>.

14 vgl. Anm. 7.

geworden war, aber offensichtlich noch leben möchte.

Lieber Papa, diesen Eindruck hatten wir auch von Dir. Dein Lebenswille war trotz Deiner Krankheit ungebrochen! Mehrfach haben wir in all den Jahren geglaubt, dass Du es jetzt nicht noch einmal schaffst. Aber das Leben in Dir war stärker, nach schweren Erkältungen und anderen Erkrankungen. Mit Inge Jens konnten auch wir sagen: „Ich will sein Hiersein bei Gott nicht künstlich verlängern, aber wenn es einer aus eigener Kraft so überzeugend schafft, so soll er es so gut haben auf dieser Erde, wie es denn irgend möglich ist.“[15] Die Frage, Deinem Leben ein Ende zu setzen, weil es in dieser Situation nicht lebenswert war, hat sich für uns nie gestellt. Denn auch in diesem anderen Leben hattest Du viele Glücksmomente. Ganz anders als wir das früher bei Dir erlebt haben. Das Thema „Patientenverfügung“ war für uns früh ein Thema. Klar war für Dich immer, dass nichts unternommen werden soll, was Dein Leben im Endstadium unnötig verlängert hätte. Im Rahmen aller Diskussionen über Sterbehilfe in unserem Land hat die Katholische Kirche klar Position

15 Interview mit Inge Jens in der Mittelbayerischen Zeitung vom 19. Mai 2016.

bezogen. Das Leben eines jeden Menschen gilt es zu schützen. Alles, was ist, verdanken wir Gott. Gott hat den Menschen als sein Abbild geschaffen und ihm eine unantastbare Würde verliehen. Diese Würde gründet nicht in seiner Leistung oder in dem Nutzen, den er für andere hat. Aus dem Wissen um Gottes Zuwendung und Liebe heraus darf und kann der Mensch auch im Leiden und im Sterben sein Leben bejahen und seinen Tod aus Gottes Hand annehmen. Aus der Überzeugung, dass das menschliche Leben von Gott geschenkt ist, folgt auch die Überzeugung, dass der Mensch keine letzte Verfügungsvollmacht über sein Leben haben kann.

Ein Leben in Würde umfasst auch ein Sterben in Würde. „Gleichzeitig bedeutet dies aber auch, dass der Tod zugelassen werden darf. Sterben in Würde zu ermöglichen, bedeutet aus christlicher Sicht, dass der Sterbende an der Hand eines Menschen stirbt und nicht durch sie. Gerade in seinem letzten Lebensabschnitt braucht der Mensch Zuwendung, Schutz und Trost. Ein Sterben in Würde für jeden Menschen zu ermöglichen, ist daher auch eine gesamtgesellschaftliche Aufgabe. Die katholische Kirche spricht sich nachdrücklich gegen alle Formen der aktiven Sterbehilfe und der Beihilfe zur Selbsttötung aus. Sie ist der Überzeugung, dass der Staat dann ein würdevolles Sterben ermöglicht, wenn er die flächendeckende medizinische und pflegerische Begleitung Schwerstkranker und Sterbender in den Mittelpunkt stellt und nach Kräften fördert. Die Kirche beteiligt sich hier mit einer intensiven seelsorglichen Betreuung der Sterbenden und ihrer Angehörigen. Es ist notwendig, die Palliativversorgung und die Hospizarbeit in ambulanten und stationären Einrichtungen zu fördern und auszubauen. Sie stellen eine zunehmend wichtige Antwort auf die Lebenslage und Bedürfnisse der Menschen dar. Viele haupt- und ehrenamtliche Hospizhelfer leisten einen wertvollen Dienst, indem sie Menschen im Sterben beistehen."[16]

Marc Chagall hat einmal gesagt: *„Da jedes Leben zwangsläufig seinem Ende entgegengeht, sollten wir unser Leben, solange es dauert, mit unseren Farben der Liebe und Hoffnung ausmalen. In der Liebe findet sich die gesellschaftliche Logik des Lebens und das Wesentliche jeder Religion."*

16 https://www.dbk.de/themen/sterben-in-wuerde/- – vgl. auch Daniela Ritzenthaler / Ruth Baumann-Hölzle, Patientenverfügung und Demenz. Konkretionen. In: Demenz als Hölle im Kopf? S. 69-79.

Weggemeinschaft – sein und unser Leben

Lieber Papa, als Du die Diagnose Demenz bekamst, sagte jemand zu mir: „Du musst dich auf einen langen Weg einstellen.“ Fast sieben Jahre sind wir diesen Weg gemeinsam gegangen. Sieben Jahre Deines Lebens auf einem Weg, der für Dich immer mehr in die andere Welt ging. In ganz kleinen Schritten. Aber es waren auch sieben Jahre unseres Lebens. Eine eigene Weggemeinschaft. Bei Google gebe ich das Wort „Weggemeinschaft“ ein. Ich bin erstaunt, wie viele unterschiedliche Formen von Weggemeinschaften es gibt, nicht nur im christlichen Umfeld. Menschen, die gemeinsame Ziele und Wertevorstellungen haben, tun sich zusammen und gehen in Gemeinschaft ein Stück ihres Lebensweges.

Eine Weggemeinschaft ist immer Geben und Empfangen. Vielleicht kann man als Angehöriger eines an Demenz erkrankten Familienmitglieds sich nur auf diese Weggemeinschaft einlassen, wenn es für beide Seiten ein Weg des Gebens und des Empfangens ist. Durch die Krankheit haben sich unsere Beziehungen verändert. Warst Du vor Deiner Krankheit ein gleichwertiger Partner, so bist Du infolge der Demenz allmählich zu einem Menschen geworden, der immer intensiver versorgt werden musste. An der Tragik der Krankheit gibt es nichts schönzureden. Am Ende warst Du abhängig wie ein kleines Kind. Sonst hättest Du Dein Leben nicht mehr gehändelt bekommen. Auf der anderen Seite konnten wir Dir in den Jahren etwas von dem zurückgeben, was Du uns in all den Jahren vorher gegeben hast. In den sieben Jahren unserer besonderen Weggemeinschaft haben auch wir viel empfangen.

Im Nachhinein bleiben uns jene Erinnerungen an gemeinsame Unternehmungen, auch an schwere Wegstrecken, wo wir dankbar dafür sind, dass wir sie gemeinsam gemeistert und in den unterschiedlichen Situationen immer die nötige Kraft erhalten haben. Wir durften in den Jahren der Pflege viel lernen über das Leben. „Die Demenz kränkt unser Menschenbild", sagte einmal der US-Medizinethiker Jesse Ballenger.

Das Irrationale, der Kontrollverlust, das Unberechenbare des Erinnerungsverlusts versetzen so manchen Gesunden in Panik. Wie oft wurdest Du von anderen bedauert: der arme Mann. Oft hatten wir aber den Eindruck, dass Du Dich die meiste Zeit gar nicht schlecht gefühlt hast. Du warst glücklich in ganz banalen Situationen, innerhalb eines Wertekanons, der in der Leistungsgesellschaft nicht hoch angesiedelt ist. So konnten wir von Dir, der nach gesellschaftlichen Maßstäben nicht mehr funktionierte, viel lernen.

Du hast uns in den Jahren herausgefordert, Fähigkeiten zu entwickeln, die wir in unserer technisierten, hektischen und überfordernden Zeit oft schon verloren haben: wie kostbar ein Moment ist, zum Beispiel. Oft mussten wir nur einfach da sein, ohne etwas zu tun. Wie arm sind wir geworden, wenn wir nur die Sprache als Kommunikationsmittel haben. Wir haben Dir etwas vorgesungen, manchmal hast Du mitgesungen. Und oft haben wir nur neben Dir gesessen und die Hand gehalten. Das genügte. Für Dich war es viel.

Einen Menschen, der nicht mehr unserem Bild vom Menschsein entspricht, gilt es weiter zu lieben. Vielleicht tun wir uns damit so schwer, weil wir die Hinfälligkeit des Lebens nicht akzeptieren können. Vielleicht fällt es uns auch schwer, die eigene Hilflosigkeit einzugestehen, angesichts eines langsamen Fortschreitens einer Krankheit. Zum Respekt vor dem Leben gehört für mich auch der Respekt davor, dass jemand sein Leben nicht mehr selbst in die Hand nehmen kann. Deine Demenzerkrankung hat es mit sich gebracht, dass Du Dich immer mehr unfreiwillig „aus der Hand geben" musstest. Aus der Hand geben heißt, sich anderen anvertrauen, weil ich selbst nicht mehr in der Lage bin, die Dinge meines Lebens zu regeln. Du hast Dein Leben immer mehr uns anvertrauen müssen. Eine große Verantwortung, wenn einer sein Leben in die Hände eines anderen gibt. Und welch ein Vertrauen! Für uns die Aufgabe, Dir und Deinem Leben mit Respekt zu begegnen. Unsere enge Weggemeinschaft ermöglichte uns, Dein neues Ich wahrzunehmen, ohne das alte zu vergessen. Wenn der Kopf hinausgeht, ganz weit fort, bleibt das Herz – und zwar ganz nahe.[17]

Wir haben gelernt, den Fokus nicht nur auf den Verlust zu legen, sondern versucht, Zugang

---

17 Vgl. Kathrin Feldhaus, Margarethe Mehring-Fuchs, Veronika Stiftung Rottenburg (Hg.) Wenn der Kopf hinausgeht, ganz weit fort. Wie Menschen mit Demenz das Leben sehen. <Ostfildern 2016>.

zu Deiner ver-rückten Welt zu erhalten. Inge Jens sagte einmal in einem Interview mit Recht: *„Das Leben mit einem Demenzkranken bedeutet zunächst einmal, sich von allen Konventionen frei zu machen, nur seinem sehr wohl durch den Verstand zu kontrollierenden Gefühl hinzugeben und dem zu folgen. Man muss den Kranken genau beobachten, sehen, was ihm Spaß macht, was ihm keinen Spaß macht. Das ist so verschieden von dem, was einem Gesunden Spaß macht, dass man das nicht erraten kann, sondern es nur sehen und erleben kann und dann seine Folgerungen in der Behandlung daraus ziehen muss."*[18]

18 Vgl.: Im Gespräch. Publizistin Inge Jens. Langer Abschied vom Wortvirtuosen und Ehemann. Beitrag vom 14. 05. 2018 in Deutschlandfunk Kultur. www.deutschlandfunkkultur.de

Hilflosigkeit im Umgang mit Demenz

Lieber Papa! Demenz macht Angst. Viele andere Krankheiten sind vorübergehend und die Kranken haben die Hoffnung, dass es wieder wird wie vorher. Diese Perspektive gibt es bei Demenz nicht. Den erschrockenen Gesunden gilt es zu erklären, dass die ver-rückte Welt des Dementen uns sortierten Menschen schlimmer erscheint als dem Erkrankten. Für Dich war es am Anfang schwer, als Dir noch vieles bewusst war und Du gespürt hast, dass vieles nicht mehr so geht wie früher. Wenn die geheime Maxime unseres Lebens Descartes „Cogito ergo sum – Ich denke, also bin ich“ ist, dann ist Demenz die große Katastrophe. Im Umgang mit Deiner Krankheit haben wir anfänglich eine große Hilflosigkeit erlebt. Auch in unserem Umfeld, im Bekannten- und Verwandtenkreis war es nicht anders. Ob aus der Hilflosigkeit im Umgang mit Demenz ein aktives Gestalten eines

Lebens mit Demenz wird, hängt vielfach von der Umgebung ab, von den Lebensumständen, vom familiären Umfeld und von der Betreuung. Das Hauptproblem ist, dass wir in der Regel zu wenige Ressourcen haben, um genügend gute Betreuung zu ermöglichen. Die Pflege alter und kranker Menschen wird zu einer der größten Herausforderungen für unsere Gesellschaft überhaupt.

Lieber Papa, diese Herausforderung haben wir im Laufe der Jahre immer mehr verspürt. Allein schon die alltäglichen Dinge wie Toilettengang, morgendliche Pflege, Baden, An- und Ausziehen; allein hätte das keiner von uns geschafft. Der französische Schriftsteller Michel Houellebecq (*1956) spricht in einem seiner Gedichte von der „B-Seite des Daseins“: *„Und dann ist auf einmal alles ohne Reiz / Die Welt ist noch da, voll diverser Gegenstände / Von mittlerem Interesse, flüchtig sind sie und vergänglich / Stumpfes Licht fällt vom abstrakten Himmel / Das ist die B-Seite des Daseins.“* Das B spielt auf die früheren Single-Vinyl-Platten an, die auf der A-Seite den Hit präsentierten und die B-Seite mit weniger Beliebtem füllten. Wer steht den Menschen bei, damit auf der B-Seite des Daseins der Klang der A-Seite nachhallen kann?[19] Ob es Menschen mit Demenz gut geht, hängt wesentlich davon ab, ob sie die Erfahrung machen können, trotz ihrer Einschränkungen wertgeschätzt und anerkannt zu sein. Das gelingt nur, wenn ich mich als Angehöriger mit der Krankheit beschäftige, versuche, sie zu verstehen und zu akzeptieren.

Lieber Papa, keine Frage: Deine Wesensveränderung miterlebt zu haben war schwer und tat weh. Im Laufe der Zeit, auch im Laufe Deiner Veränderung während der Demenzerkrankung, haben wir erfahren, dass Demenzkranke häufig mehr Fähigkeiten haben, als wir ihnen gemeinhin zutrauen. Auch im fortgeschrittenen Stadium der Krankheit konntest Du uns mitteilen, was Dir wichtig ist, was Du wolltest und was nicht. Neuere Studien zeigen, dass selbst schwerst demenzkranke Menschen noch immer ein subjektives Erleben und einen Rest von Selbst haben. Dieser andere Blick auf die Krankheit legt nahe, dass wir Menschen mit Demenz als Personen ernst nehmen müssen – und dass wir ihnen Selbstbestimmung zugestehen sollten, solange sie dazu noch irgendwie in der Lage

19 Jürgen Springer, Das ist die B-Seite. In: Christ in der Gegenwart 50 <Freiburg 2016> S. 555f.

sind. Auch die Würde eines beschädigten Menschenlebens ist unantastbar.

„Da mein Vater nicht mehr über die Brücke in meine Welt gelangen kann, muss ich hinüber zu ihm. Dort drüben, innerhalb der Grenzen seiner geistigen Verfassung, jenseits unserer auf Sachlichkeit und Zielstrebigkeit ausgelegten Gesellschaft, ist er immer noch ein beachtlicher Mensch, und wenn auch nach allgemeinen Maßstäben nicht immer ganz vernünftig, so doch brillant.“[20]

Tilman Jens beschreibt seinen Vater Walter Jens als glücklichen Menschen: „Der Vater, den ich kannte, der ist lange schon gegangen. Aber jetzt, da er fort ist, habe ich einen ganz anderen Vater entdeckt …“[21] Nicht zu leugnen ist, dass die Demenzkrankheit schrecklich sein kann und oft genug schrecklich ist, dass es sehr wohl Anlass zum Weinen gibt, wenn die Angehörigen und Freunde, die uns vertraut waren, ihre Persönlichkeit verändern und wir von ihnen als Menschen, mit denen wir eine gemeinsam erinnerte Geschichte teilen, Abschied nehmen müssen. Vielleicht liegt die Hilflosigkeit im Umgang mit Demenz auch darin, dass wir in einer Ge-

---

20 Geiger, Der alte König, S. 11.

21 Tilmann Jens: Demenz. Abschied von meinem Vater. <Gütersloh 2009> S. 140f.

sellschaft der Macher deutlich an unsere Grenzen stoßen. Wir können nichts machen, um die Krankheit zu heilen. Wir müssen lernen, auf greifbare Erfolge zu verzichten. Unser Aktivsein stößt an Grenzen. Gefordert ist die Kunst des Passivseins: Geduld, Langsamkeit, Hörfähigkeit, Stille, das Warten können, das Lassen, die Gelassenheit, Ehrfurcht und Demut. „Wir brauchen Mut, um mit unseren körperlichen Veränderungen, den Einschränkungen in unserer Leistungsfähigkeit, mit den Erinnerungslücken und dem Nachlassen der Gedächtnisleistungen, mit den Vorboten des Alterns und den leisen Anzeichen des Krankseins und letztlich des Sterbens umzugehen. Viele Menschen fürchten mit fortschreitendem Lebensalter die Kontrolle zu verlieren über ihren Körper (Inkontinenz) und über ihren Geist (Demenz). Woher nehmen wir heute den Mut zum Leben, zum Altwerden und den Mut zum Sterben? Wie können wir klüger, weiser und gelassener werden? Wen nehmen wir an die Hand, was nehmen wir zur Hand, und wie nehmen wir unser Leben in die Hand?“[22] Es geht darum, emotionale Bindungen aufzubauen und den zu begleitenden Menschen in seiner ganzen

22 Heller / Schuchter, Sorgekunst, S. 12f.

Würde wahrzunehmen. Dadurch gibt man Mut und ermutigt sich auch selbst. Die Würde des Menschen ist die Leitvorstellung der Menschenrechte. Artikel 1 des Grundgesetzes der Bundesrepublik Deutschland heißt: „Die Würde des Menschen ist unantastbar." Darauf errichten wir Recht und Moral. Dennoch sagen und empfinden wir in unserer Angst vor dem Leiden, etwa vor Demenz oder der Maschinenmedizin: „Das wäre für mich kein Leben mehr, das ist ja nicht mehr würdig."[23] Menschen mit Demenz sind in besonderer Weise feinfühlig dafür, ob ihnen mit Achtung, Würde und Wertschätzung begegnet wird oder nicht. Deshalb sind sie besonders als Würde tragende Personen zu achten und ihnen ist mit einer respektvollen Haltung zu begegnen.

23 Ebd, S. 74.

Mensch sein – Mensch bleiben

Lieber Papa, die Frage, ob Dein Zustand noch menschenwürdig ist, lässt mich darüber nachdenken, wie in unserer Gesellschaft über das „Mensch sein" gedacht wird. Bis in welche Tiefen hinein, egal wie leistungsfähig der Verstand ist, bleibt ein Mensch doch Mensch. Die Ränder unseres Lebens sind sehr unterschiedlich. Ein Kind ist in seinen ersten Lebensjahren lebensnotwendig auf die Betreuung und Pflege durch die Eltern angewiesen. Nahrungsaufnahme, Essen und Trinken sind essenziell ebenso wie Nähe, Zärtlichkeit, Gemeinschaft und menschliche Wärme. Eine behütete Kindheit legt den Grundstein für das ganze Leben. Der andere Rand des Lebens ist das Alter. Die Rollenaufteilung ändert sich, Söhne und Töchter müssen zunehmend Verantwortung übernehmen. „Was ist der Mensch, dass du seiner gedenkst?", schreibt der Beter im Psalm 8 der Bibel. Was ist der Mensch? So fragen wir oft mit Erschrecken, wenn wir die Veränderungen bei einem Demenzkranken wahrnehmen. Die Demenzerkrankung trifft den Menschen an der Stelle, die für uns Menschen ein wichtiges Kennzeichen von Identität und Persönlichkeit ist: Geist und Verstand. Unser Gedächtnis ist ein Erinnerungsspeicher von Gelerntem und früher Erlebtem und integraler Bestandteil des Menschen. Es hat eine Bindungsfunktion zwischen Vergangenem und Zukünftigem, zwischen Altem und Neuem. Die Furcht vor einer Demenzerkrankung ist verständlich. Der evangelische Theologe Wilfried Härle hat zwischen fünf Verlustängsten unterschieden, die die Demenzerkrankungen so bedrohlich erscheinen lassen:

Menschen haben Angst vor dem Vergessen,

1. weil sie ihre Autonomie und Selbstbestimmung in Gefahr sehen.
2. weil sie ihren Verstand für das Wertvollste halten, was sie besitzen.
3. weil sie damit ihre Selbstkontrolle zu verlieren drohen.
4. weil sie so in die Abhängigkeit von anderen geraten.
5. weil sie befürchten, ihre Würde zu verlieren.[24]

24 Wilfried Härle, Lebensqualität demenzkranker Menschen aus Sicht der christlichen Ethik. In: Andreas Kruse (Hg.), Lebensqualität bei

Aber ob ein demenzkranker Mensch seine Würde behält, hängt nicht vom Zustand seines Gehirns ab, sondern vor allem von uns, den Menschen, die ihn umgeben. Vielleicht müssen wir von unserem selbst gemachten Bild Abschied nehmen: dem hoch entwickelten Menschen, der seine Würde darin hat, seine Vernunft zu gebrauchen, um seine Freiheit zu gestalten. Der Mensch hat nicht nur einen Lebenswert, solange er ein Bewusstsein hat und über sich selbst bestimmen kann. Es gilt, bei Demenzkranken das Schweigen auszuhalten und in den Augen zu lesen, die Gesten der Dankbarkeit, auch wenn sie nicht auf Dauer angelegt sind. Mit dementen Menschen zu kommunizieren bietet die Chance, Menschsein noch einmal aus einer anderen Perspektive zu sehen: ohne „Richtig" oder „Falsch", ohne starre Zeitenfolge, ohne die Begrenztheit des Bewusstseins. Die Wertschätzung eines Menschen darf sich nicht nach den Fähigkeiten richten, die wir erworben haben und die sich im Alter erhalten. Gott hat andere Maßstäbe für uns. Auch in der Demenz verlieren wir nichts an Würde und Liebe. Der Psalm 71 spiegelt dies wider: „Verwirf mich nicht, wenn ich alt bin,

---

Demenz? Zum gesellschaftlichen und individuellen Umgang mit einer Grenzsituation im Alter. <Heidelberg 2010>. S. 46f.

verlass mich nicht, wenn meine Kräfte schwinden. Auch wenn ich alt und grau bin, Gott, verlass mich nicht …" Fulbert Steffensky bringt es für mich noch einmal auf den Punkt: *„Gnade denken heißt wissen, dass den Menschen nicht seine Tauglichkeit und Verwendbarkeit ausmacht. Alte Menschen, dauerhaft Kranke sind wenig tauglich und verwendbar. Sie können sich nicht durch sich selbst rechtfertigen, nicht durch ihre Arbeit, durch ihre Intelligenz und ihren Witz. Sie sind, weil sie sind. Sie sind nicht, weil sie etwas leisten. Kinder sind zunächst ebenfalls nicht durch ihre Funktion für die Gesellschaft gerechtfertigt. Aber sie sind immerhin eine „Investition für die Zukunft", wie Zyniker sagen. Aber da gibt es Menschen, deren Existenz sich nicht durch Leistungs- und Ertragswerte ausweisen lässt: Behinderte, dauerhaft Erkrankte, Alte. Sie lehren uns, dass der Mensch nicht für Zwecke da ist. Wenn wir sie dulden und sichtbar sein lassen, lehren sie uns, was Gnade ist – dass der Mensch ungerechtfertigt da sein darf; nicht gerechtfertigt durch die Größe seiner Taten, seiner Stärken; nicht ausgewiesen durch seine Verwendbarkeit. Es ist etwas wundervoll Widerborstiges und Anarchistisches in einer Gesellschaft, die Alte und Kranke, Behinderte sichtbar sein lässt. Eine solche Gesellschaft weiß, dass das Ziel des Menschen nicht seine*

Verwendbarkeit ist. Dies aber ist ein Grundwissen der Humanität: kein Mensch ist eines Zweckes wegen da.“[25] Was ist zu tun, dass alte und demente Menschen ein gutes Leben haben?

- Gönne dem Demenzkranken Zeit und hetze nicht.
- Drücke Dich mit einfachen Worten verständlich aus.
- Aktiviere den Demenzkranken immer wieder da, wo es geht.
- Behandle ihn mit Würde und Respekt.

25 Mit Genehmigung des Radius-Verlages entnommen aus: Fulbert Steffensky, Mut zur Endlichkeit. Sterben in einer Gesellschaft der Sieger; © 2007 by Radius-Verlag, Stuttgart; S. 15f.

Betreut, unterhalten, versorgt – Pflegegrad 5

Lieber Papa, die Demenz ist das absolute Gegenteil dessen, was in unserer Gesellschaft als erstrebenswert gilt. Sie stellt drei zentrale Schlüsselwerte – Produktivität, Rationalität und Autonomie – radikal infrage.[26] Unsere Erfahrung in den sieben Jahren war, dass mit Fortschreiten der Krankheit nicht nur Deine kognitiven Fähigkeiten immer mehr verloren gingen, sondern auch Deine Möglichkeiten zur Selbstbestimmung. Gesellschaftlich gesehen verursacht dies erhebliche Kosten. Zunächst wurdest Du in Pflegestufe 2 eingestuft, dann in die Stufe 3, die nach der neuen Einordnung dem Pflegegrad 5 gleichkommt. Diese wird definiert: „Den höchsten Pflegegrad 5 und damit die umfangreichsten Leistungen der Pflegeversicherung vergeben Pflegekassen seit 01.01.

26 Heinz Rüegger, Alter(n) als Herausforderung. Gerontologisch-ethische Perspektiven. <Zürich 2009> S. 146f.

2017 an Versicherte, die nachweislich unter einer ‚schwersten Beeinträchtigung der Selbstständigkeit' leiden und einen sehr hohen Pflegebedarf haben." Um Pflegegrad 5 zu erhalten, müssen Gutachter bei der Begutachtung des Versicherten mindestens 90 bis 100 Punkte ermitteln. Die beauftragten Gutachter des MDK (bei gesetzlich Versicherten) untersuchen die Antragsteller nach dem neuen Prüfverfahren „Neues Begutachtungsassessment (NBA)" in sechs Modulen auf den Grad ihrer noch vorhandenen Selbstständigkeit:

- Mobilität: Inwieweit ist die betroffene Person noch in der Lage, einen Orts- oder Positionswechsel selbstständig durchzuführen?
- Kognitive und kommunikative Fähigkeiten: Ist die zeitliche und örtliche Orientierung beeinträchtigt und können noch selbstständig Entscheidungen getroffen und kommuniziert werden?
- Verhaltensweisen und psychische Problemlagen: Reagiert die Person abwehrend auf pflegerische oder andere unterstützende Maßnahmen?
- Selbstversorgung: Werden körperliche und psychische Bedürfnisse noch in einem ausreichenden Maß wahrgenommen?

- Umgang mit krankheits- und therapiebedingten Belastungen: Wird Unterstützung, beispielsweise bei der Medikamenteneinnahme, benötigt?
- Gestaltung des Alltagslebens: Wie ist das Alltagsleben gestaltet und kann dieses an Unvorhergesehenes angepasst werden?

Es klingt vielleicht hart, aber Demenzkranke sind nach den Maßstäben unserer Gesellschaft nutzlos. Sie tragen zur Leistungsbilanz, zum gesellschaftlichen Leistungsaustausch nichts bei. Sie beanspruchen erhebliche Ressourcen. Sie sind auf Fremdversorgung angewiesen und bedürfen einer aufwendigen und kostspieligen

Betreuung.[27] Gilt die Demenzerkrankung vielleicht auch deshalb als so angsterregend, weil sie ihre Träger als nutzlose Menschen, als Ballastexistenzen zurücklassen? Hier bedarf es eines Umdenkens. Die Wahrscheinlichkeit, im späteren Lebensalter an Demenz zu erkranken, wird immer größer. Gegen Demenz gibt es aktuell noch kein Heilmittel. Offenbar handelt es sich um eine Krankheit, die nicht aufzuhalten ist. Es kann auch ein gutes Leben mit Demenz geben. Auch das war unsere Erfahrung in den Jahren der Betreuung. Doch wer die Demenz nur auf ein Pflegeproblem reduziert, der redet am eigentlichen Notstand vorbei. Wir werden nicht alt, gebrechlich oder krank in einem Raum direkter zwischenmenschlicher Beziehungen, sondern in einer verwalteten Welt voller Organisationen. Individuelle Probleme werden oft mit allgemeinen Schemata und Regeln behandelt. Das macht moderne Organisationen zwar effizient, allerdings kann die Menschlichkeit verloren gehen. Und zwar eben dann, wenn jemand mit seiner höchst individuellen, nicht in allgemeine Schemata hineinzwingbaren Leidenslage auf den Regelapparat bürokratischer Verwal-

27 Vgl. Thorsten Meireis, Demenz, Effizienz und gutes Leben. In: Werren/Mathwig/Meireis, Demenz als Hölle im Kopf? S. 17.

tung trifft.[28] „Wir leben in einer Gesellschaft, deren Weisheit schwach und deren Apparate stark sind."[29]

Demenz kann nicht therapiert werden. Eine Heilung gibt es nicht. Die Kunst des Arztes und der Angehörigen ist mehr als sonst geprägt von Zurückhaltung, Beobachtungsfähigkeit, Empathie, Zeit und Geduld. Der Soziologe und Theologe Reimer Gronemeyer schlägt vor, eine neue Kultur des Helfens und der Nachbarschaft für Demenzkranke und deren Angehörigen zu entwickeln, gerade auch zur Entlastung der Pflegenden. In der Zeitschrift „Universitas" (September 2014) schreibt Gronemeyer: „Man könnte auch sagen, wir brauchen eine Erwärmung in unserer Gesellschaft …, dass Menschen mit Demenz länger in unserer Mitte bleiben können." Der Autor erinnert an den Wiener Kulturwissenschaftler und Philosophen Egon Friedell (1878-1938). Dieser habe einmal provozierend festgestellt, dass jede Zeit die Krankheiten und Beschädigungen hervorbringt, die zu ihr gehören. Die Demenz, so Gronemeyer, passe ins soziale Gefüge unserer Zeit. „Wir sind eine Gesellschaft der Beschleunigung, das ist auch

28 Heller /Schuchter, Sorgekunst, S. 70f.
29 Steffensky, Mut zur Endlichkeit. Radius-Verlag, Stuttgart, S. 5.

etwas Positives, dass wir so schnell und beweglich geworden sind … Aber für alte Menschen oder für solche, die sich nicht mehr so gut in der Welt zurechtfinden, ist das eine schwierige Lage. Vielleicht sollten wir das mal so betrachten, dass nicht die Menschen mit Demenz sich von der Gesellschaft entfernen, sondern dass wir – die Gesellschaft – uns immer rascher von denen entfernen, die nicht mehr so schnell sind und nicht mehr alles behalten können."[30]

30 Jürgen Springer, Die Vergessenen. In: Christ in der Gegenwart; 2. November 2014.

Ich will nach Hause ...

Lieber Papa, nach Weihnachten wars. Gemütlich sitzen wir mit unseren Verwandten um den Abendbrottisch. Doch mit der Gemütlichkeit wars plötzlich vorbei. Du willst nach Hause. Gutes Zureden nutzt nichts. „Papa, du bist doch zu Hause! Guck mal Dein Sessel. Draußen unser Garten." Nichts nutzt. Du willst nach Hause. Wir haben Dich nicht verstanden. Wir versuchten Überzeugungsarbeit zu leisten, dass Du doch zu Hause bist. Das war, wie uns erst viel später klar wurde, ein Fehler. Unsere letzte Hoffnung: Die Verwandtschaft wird zum vorzeitigen Aufbruch animiert und reagiert verwundert bis beleidigt. Wir setzen Dich ins Auto, fahren einmal um die Stadt, stehen fünf Minuten später wieder vor unserer Haustür mit dem Hinweis: „Papa guck mal, wir sind wieder zu Hause". Du strahlst! Ja, jetzt sind wir wieder zu Hause! Du gehst ins Haus und bist zufrieden. Wir sind ratlos.

Ich denke viel darüber nach, was das wohl heißt: nach Hause … Ist Dein Zuhause der Ort, an dem Du groß geworden bist? Nein, Du sagst ja selbst, da wohnt niemand mehr. Ist es das Haus in Paderborn, wo Du mehr als 50 Jahre gelebt hast und in dem wir aufgewachsen sind? Nein, das ist es auch nicht. Du willst nach Hause … Wie ist das, wenn man nicht mehr weiß, wo man ist und einfach nur Angst hat? Viele Alltagserfahrungen sind ängstigend, wenn man an Demenz erkrankt ist. Und diese Angst führt zur Unruhe. Diese Unruhe äußerte sich bei Dir, indem Du nach Hause wolltest. Wer Angst hat, braucht Sicherheit und Geborgenheit. Demenz ist eine Erkrankung, die vieles im Leben durcheinander würfelt und dazu führt, dass viele betroffene Menschen ihren Halt verlieren. Das macht Angst[31]. Das Gefühl des Nicht-mehr-Zuhause-Seins ruft offensichtlich eine ausgeprägte emotionale Reaktion hervor. Sie berührt ein Grundbedürfnis des Menschen: die Sehnsucht nach Heimat verbunden mit Sehnsucht nach Wärme, Nähe und Geborgenheit. Wo sind wir zu Hause, wo daheim? Die Frage begegnet uns, wenn wir Dokumente beantragen oder uns den Internet-

31 Baer/ Schotte-Lange, Das Herz wird nicht dement, S. 22ff.

kauf nach Hause liefern lassen wollen. Wo sind Sie zu Hause? Als Kind erfuhr und erlebte ich in großer Selbstverständlichkeit Heimat, ohne weiter darüber nachzudenken: das Haus, in dem wir wohnten, die Wiese, auf der wir mit den Nachbarkindern spielten, die Straße, die ich entdeckte, und vor allem natürlich die Menschen, die mich fürsorglich und vorsichtig in die Welt einführten, sodass mir immer mehr Welt heimisch wurde. Das war ein Vorgang, der mit Neugier, Staunen, Freude, manchmal auch Angst und Beklemmung verbunden war. Wie mir als Kind ein immer größer werdender Teil der Welt zur Heimat gemacht wurde, prägt mich bis heute. Und so ist es wohl bei jedem Menschen.

„Ich will nach Hause" heißt einfach nur: „Ich fühle mich fremd in dieser Umgebung." Wir haben das anfangs nicht verstanden und dagegengehalten: „Du bist zu Hause und willst nach Hause gehen. Man kann doch nicht nach Hause gehen, wenn man schon zu Hause ist."[32] Es gibt Tage im Jahr, wo Menschen ein starkes Bedürfnis haben, nach Hause zu kommen. Weihnachten ist so ein Tag. Eine Heimat haben, nach Hause kommen, gehört zu den Urbedürfnissen

32 Geiger, Der alte König, S. 47.

des Menschen. Einen Ort haben, an dem man nicht erst mühsam heimisch werden muss, sondern es schon immer ist. Um Häuser aus Steinen geht es beim Nachhause-Kommen nicht zuerst. Das Zuhause, das sind Menschen. Die Menschen, die vor mir da waren, wie meine Eltern und Großeltern. Und Menschen, die jetzt für mich da sind, bei denen ich mich wohl und zu Hause fühle. Herbert Grönemeyer, der Sänger sagte einmal: „Heimat ist kein Ort, Heimat ist ein Gefühl."

Lieber Papa, wir mussten erst lernen, dass Du im Rahmen der Krankheit nicht nur Zeit und Raum vergessen hast. Über das Vergessen der Namen von Gegenständen hast Du auch den Bedeutungsgehalt der Gegenstände verloren. Das hat dazu geführt, dass Dinge und Umgebungen, die uns vertraut sind, Dir unbekannt vorkamen. Das hat Dich unsicher gemacht. Dann wolltest Du nach Hause. Wir haben gelernt: Diskutieren bringt in einer solchen Situation überhaupt nichts, außer, dass wir uns gegenseitig hochschaukeln und unser Nichtverstehen uns gegenseitig zur Weißglut treibt. Wir haben gelernt, erfinderisch zu werden, Dich abzulenken oder nach Wegen zu suchen, Dir das Gefühl von Geborgenheit und

Zu-Hause-Sein wiederzugeben. Das Leben mit Demenz ist ein Zustand der Suche: für die Betroffenen nach einem neuen inneren Zuhause, für die Angehörigen nach Kommunikationsmöglichkeiten, die helfen, Menschen mit Demenz in ihrer neuen Lebenssituation ernst zu nehmen und in ihrer Suchbewegung zu unterstützen. Schwierig für uns war, dass es offensichtlich kein Schema gibt für wirkungsvolle Strategien bei Fremdheitsgefühlen. Der holländische Pfarrer und Schriftsteller Hans Stolp sagt, dass Angehörige eines Demenzkranken manchmal ein Spiel spielen müssen – ein heiliges Spiel.[33] Das haben wir auch gemacht. Als Du wieder einmal nach Hause wolltest und darauf bestandest, wenigstens unserer Mutter eine Nachricht zukommen zu lassen, dass Du später kommst (unsere Mutter war zu dem Zeitpunkt bereits fünf Jahre tot), habe ich das Telefon genommen, Dir ans Ohr gehalten und von hinten wie unsere Mutter gesprochen. Du hast Dich auf diesen Dialog eingelassen. Als wir den Hörer aufgelegt hatten, warst Du zufrieden: Wir können noch hier bleiben. Unsere Mutter weiß Bescheid …

33 Stolp, Demenz, S. 28.

Ich träume von einem Land,
in dem Menschen mit Alzheimer
durch die Straßen irren können.
Auf der Suche nach ihrem Haus,
dem für immer verlorenen Zuhause.
Und dass da immer jemand ist, der sagt:
„Kommen Sie, ich bring Sie nach Hause.“[34]

34 Stella Braam, In: Ich träume von einem Land, in dem Demenz Leichtigkeit bekommt. Werkmappe des Bistums Rottenburg-Stuttgart.

Und wer bist du?

Lieber Papa, schmerzhaft ist es, wenn Demenzkranke ihre eigenen Angehörigen nicht mehr erkennen. Zum ersten Mal habe ich das erfahren, als wir vor Jahren gemeinsam mit dem Auto zum Einkaufen fuhren. Plötzlich hast Du mich gefragt, wer das denn alles bezahle. „Ich bezahle das", war meine Antwort. Nicht gerechnet habe ich mit Deiner nächsten Frage: „Und wer bist du?" Ich war schockiert! Ich habe gespürt: Wir treten in eine neue Phase Deiner Krankheit ein: Du weißt nicht mehr, wer ich bin! „Und wer bist du?" Wer schon mal diese Frage von einem Angehörigen oder nahen Verwandten gehört hat, der ist verwundert, erschrocken oder peinlich berührt. Wie soll ich darauf reagieren? Damals hast Du noch ein wenig peinlich lachend darauf reagiert: „Ach ja natürlich! Du bist ja Andreas." Aber im Verlauf der Krankheit haben wir wahrgenommen, dass die Frage: „Wer ist das?" Dich immer mehr beschäftigt hat. Verwandte und Bekannte konnten vielfach damit gar nicht umgehen. „Aber er muss doch wissen, wer ich bin", waren die fast schon empörten Antworten. „Er kennt uns doch schon 40 Jahre! Das kann doch nicht sein!" Aber es war so. Weg, einfach weg. Langjährige Arbeitskollegen kennst Du nicht mehr, die eigene Verwandtschaft ist Dir fremd geworden, ja und im Laufe der Jahre auch wir – Deine Kinder! „Du bist mein Sohn? Das kann nicht sein! Ich habe keinen Sohn." Das gilt es, als engster Angehöriger auszuhalten. Diskutieren bringt da wenig. In klaren Momenten konntest Du uns beim Namen nennen. Anfänglich war es Dir auch möglich, auf den alten Familienbildern Deine Geschwister und Eltern zu erkennen. Zum Schluss war auch das weg. Aus dem „Das ist meine Mutter, das ist mein Vater" wurde dann: „Das ist ein Mann oder eine Frau."

Und in den letzten Monaten vor Deinem Tod: stilles Betrachten der Bilder, keine Reaktion. Die Bilder wurden weggeschoben, weil Dir auch die Menschen auf den Bildern abhandengekommen waren. Irgendwie wusstest Du, dass wir zu Dir gehören, dass wir Dir helfen, dass Du keine Angst haben musst. Menschen, die zu uns gehören, die geben uns Halt und Sicherheit. Letztlich wusstest Du weder unseren Namen, noch, dass wir ein Teil Deiner Familie sind, noch wo wir arbeiten. Deine Nachfrage nach unserem Namen war nicht ängstlich, eher interessiert. Für uns am Ende auch nicht mehr bitter. Unsere Namen kanntest Du nicht mehr. Unser Dasein gab Dir aber Sicherheit. Wir waren Dir vertraut. Das haben wir gespürt. Wir haben gespürt: Du hattest keine Angst. Und wir haben gelernt, dass Erinnern ein komplexer Prozess ist, der nicht nur das Denken betrifft. Das ist wichtig zu wissen, wenn es um Demenz geht. Es gibt mehr als ein Gedächtnis des Denkens. Das Gedächtnis des Herzens bleibt bestehen und damit lange zugänglich.[35]

Lieber Papa, auf dieser Welt leben wir in einer eigenartigen Spannung. Es gibt im Leben eines jeden Menschen Dinge, die er gerne vergessen möchte, dunkle Seiten im Leben, Dinge, für die ich mich schäme, etwas, was ich am liebsten ungeschehen machen möchte. Da wünsche ich mir einen neuen Anfang. Aber wie ist es, wenn das Vergessen zur Krankheit wird? Wenn ich den Weg nicht mehr weiß vom Bäcker nach Hause? Und wenn Namen aus dem Gedächtnis getilgt sind? Oft hast Du uns auf Fragen geantwortet:

35 Baer / Schotte-Lange. Das Herz wird nicht dement, S. 9ff.

Das weiß ich nicht. Unsere Fragen bezogen sich auf Dinge des alltäglichen Lebens. Ich habe mich selbst verloren, so sagte vor mehr als 100 Jahren die erste Alzheimer-Patientin in Frankfurt, Auguste Deter. Immer weiter bist Du im Laufe der Jahre in das „Land des Vergessens“ gegangen.

Schutzengel

Lieber Papa, vor einigen Jahren habe ich ihn zu Weihnachten geschenkt bekommen, jenen kleinen Metallengel mit seinem Lächeln, ein wenig frech dreinschauend. Irgendwann habe ich ihn Dir mitgebracht. Er hatte seitdem seinen festen Platz auf der Fensterbank neben Deinem Sessel. Er sollte Dich von nun an begleiten. Wenn wir auf Reisen gingen, dann war er selbstverständlich mit im Gepäck. Er war Dein stiller Wegbegleiter. Oft haben wir auf ihn hingewiesen und ihn Dir in die Hand gegeben. Der Engel zeigt mir, dass manchmal auch Symbole gegen Angst helfen. In diesem Fall Dein Schutzengel, der bei Dir ist und der Dich begleitet.

Eine Befragung des Meinungsforschungsinstitutes Forsa im Auftrag des Magazins GEO ergab 2005, dass ca. zwei Drittel aller Deutschen an Schutzengel glauben.[36] Engel sind wieder

36 An Schutzengel glauben mehr Deutsche als an Gott. Umfrage in „Welt Online" vom 20. Dezember 2005.

modern. Nachdem sie jahrzehntelang in der Theologie und auch im allgemeinen Bewusstsein ein eher bescheidenes Dasein gefristet haben, werden sie heute in zahlreichen Büchern wieder hochgehalten. Besonders in der Esoterik wird heute viel von Engeln gesprochen. Offensichtlich sehnen sich die Menschen danach, die übernatürliche Welt zu sehen und zu erfahren. Für den hl. Augustinus ist „Engel" eine Bezeichnung für eine Aufgabe, nicht für ein Wesen. In der Bibel sind Engel Boten Gottes. Gott sendet durch sie eine Botschaft. Sie zeigen Gottes helfende und heilende Nähe. Der Beter des Psalm 91 weiß: „Gott befiehlt seinen Engeln, Dich zu behüten auf all Deinen Wegen". Im Buch Exodus verheißt der Herr dem Mose: „Ich werde einen Engel schicken, der dir vorausgeht. Er soll dich auf dem Weg schützen und dich an den Ort bringen, den ich bestimmt habe. Achte auf ihn und hör auf seine Stimme! Widersetz dich ihm nicht! Er würde es nicht ertragen, wenn ihr euch auflehnt; denn in ihm ist mein Name gegenwärtig."[37]

Im Neuen Testament ist ausdrücklich von persönlich verbundenen Engeln die Rede, etwa

37 Ex 23,20–21.

in Mt 18,10 (Hütet euch davor, einen von diesen Kleinen zu verachten! Denn ich sage euch: Ihre Engel im Himmel sehen stets das Angesicht meines himmlischen Vaters.) oder in Apg 12,15 (Da sagten sie: Es ist sein Engel.). Der kirchliche Glaube an einen persönlichen Schutzengel, der jedem Menschen von Anbeginn seines Lebens zur Seite steht, tritt spätestens bei Basilius von Caesarea und Hieronymus im vierten Jahrhundert auf. Der Katechismus zitiert den heiligen Basilius mit der Aussage: „Jedem Gläubigen steht ein Engel als Beschützer und Hirte zur Seite, um ihn zum Leben zu führen."

Das Gebet zum Schutzengel ist vielen seit den Kindertagen vertraut. Viele haben später das Bild vom Schutzengel abgelegt. Aber wenn sie mit dem Auto glücklich einem Unfall entrinnen, dann glauben sie doch, dass sie da einen guten Schutzengel hatten.

Engel sind Wegbegleiter. Sie zeigen uns den Weg, wie einst der Engel Rafael den jungen Tobias sicher ans Ziel geleitet hat. (Tob 5,4: Tobias ging auf die Suche nach einem Begleiter und traf dabei Rafael, Rafael war ein Engel, aber Tobias wusste es nicht.) Viele Menschen verbinden heute mit Engel die Vorstellung von Schutz, Geborgenheit, Hoffnung und Leichtigkeit.

Lieber Papa, vielleicht hat Dir der kleine Schutzengel geholfen, an Geborgenheit und Sicherheit zu glauben. Jeder Mensch steht unter dem besonderen Schutz Gottes. Die Vorstellung vom Schutzengel bringt den Menschen in Berührung mit den schützenden und bewahrenden Kräften seines Unbewussten.[38] Übrigens, uns war es wichtig, dass dieser Engel Dich auch auf Deiner letzten Reise begleitet. Deshalb haben wir ihn Dir mit in den Sarg gegeben. Es gibt ein schönes Bild eines alten Meisters um das Jahr 1200, auf dem die beiden Erzengel Raphael und Gabriel in einem Tuch eine abgeschiedene Seele in den Himmel tragen. Ein Trostbild für sterbende Menschen.[39] Bei Deiner Beerdigung habe ich mich an Deinen Schutzengel erinnert. In der Liturgie heißt es: „Zum Paradies mögen Engel dich begleiten, die heiligen Märtyrer dich begrüßen und dich führen in die Heilige Stadt Jerusalem. Die Chöre der Engel mögen dich empfangen, und durch Christus, der für dich gestorben, soll ewiges Leben dich erfreuen." Nirgendwo finde ich das so schön vertont, wie im „Requiem" von Gabriel Fauré (1845-1924). Ich vertraue darauf, dass

38 Anselm Grün, Jeder Mensch hat einen Engel. < Freiburg 2008> S. 25.
39 Ebd. S. 150.

Dein Engel Dich in die Heilige Stadt Jerusalem geführt hat …

Johann Sebastian Bach (1685-1750) schließt die Johannespassion mit einem ähnlich tröstlichen Choral, wenngleich die Sprache der Barockzeit dem heutigen Leser eher fremd ist:

„Ach, Herr, lass dein lieb Engelein
am letzten End die Seele mein
in Abrahams Schoß tragen;
den Leib in sein'm Schlafkämmerlein gar sanft,
ohn' ein'ge Qual und Pein,
ruhn bis am jüngsten Tage.
Alsdenn vom Tod erwecke mich,
dass meine Augen sehen dich
in aller Freud, o Gottes Sohn,
mein Heiland und Genadenthron,
Herr Jesu Christ, erhöre mich,
ich will dich preisen ewiglich."

So nimm denn meine Hände

Lieber Papa, wie oft hast Du uns in den letzten Jahren Deine Hände entgegengestreckt. Da waren die großen und kleinen Hilfestellungen, wir haben Dir etwas angereicht, Du hast uns Deine Hand entgegengestreckt. Wir mussten Dich waschen, anziehen, zur Toilette begleiten und ins Bett bringen. Du konntest nicht mehr ohne Hilfe vom Stuhl oder aus dem Sessel aufstehen. Wie oft habe ich Deine alten Hände betrachtet, die vom Leben gezeichnet waren. Wen und was mögen sie wohl alles berührt haben? Wem hast Du sie in Deinem langen Leben entgegengestreckt? Die Hand des Menschen ist ein mächtiges Instrument. Mit ihren 5 Fingern, 27 Knochen und mehr als 17.000 Rezeptoren nutzen wir sie für so ziemlich alles. Die Hand greift, schlägt, zupft und zwickt. Wir kommunizieren mit ihr, arbeiten, schaffen Kunst. Wir nutzen sie zum Zählen, zum Knöpfe-Drücken, zum Klatschen und zum Kratzen. Mit ihrer Hilfe errichten wir Gebäude, meistern Instrumente und machen Schattenspielchen an der Wand. Sie ist präzise wie eine Pinzette und stark wie ein Vorschlaghammer. Kurz: Sie ist ein Allround-Talent, das wir tagtäglich für so ziemlich alles nutzen. Alle, die schon mal z. B. aufgrund einer akuten Sehnenscheidenentzündung am Handgelenk bewegungsunfähig waren, wissen, wie sehr wir auf unsere Hände angewiesen. Auch im Job sind unsere Hände ständig im Einsatz und werden strapaziert. Eine Professorin schreibt damit ihre Thesen an die Tafel, ein Büromensch tippt auf die Tastatur ein und schiebt die Maus umher, ein Friseur handhabt Schere und Rasierer, eine Malerin hält einen Pinsel, ein Koch ein Messer, ein Busfahrer ein Lenkrad, eine Chirurgin ein Skalpell – die Liste ließe sich ewig fortsetzen.

„So nimm denn meine Hände / und führe mich / bis an mein selig Ende / und ewiglich. / Ich mag allein nicht gehen, / nicht einen Schritt: / wo Du wirst gehn und stehen, / da nimm mich mit."

So lautet die erste Strophe eines Liedes, das gerne zu Beerdigungen gesungen wird. Der Text stammt von der deutsch-baltischen Dichterin Julie Hausmann (1826-1901). Das Lied beginnt als Bitte an einen anderen Menschen oder doch als Gebet an Gott? „Nimm meine Hände und halte und führe mich bis zum Schluss." Viele sterbende

Menschen fordern oft unausgesprochen dazu auf: „Nimm meine Hand. Halte mich.“ Ganz unwillkürlich tun wir das auch und ergreifen die Hände eines Menschen am Krankenbett. Wenn wir mit jemanden nicht mehr reden können, drücken wir ihm die Hand und halten sie. Der Mensch ist ein fühlendes Wesen, gleich, ob er an Demenz erkrankt ist oder nicht. „So nimm denn meine Hände“. Deine alten Hände sind dieselben Hände, die ein Leben lang in Aktion waren. Es sind die Hände, mit denen Du unsere Mutter zum Traualtar geführt hast. Es sind die Hände, die uns, als wir klein waren, getragen haben, die uns unsere Schuhe zugebunden haben. Die uns gestreichelt und manchmal auch einen Klaps gegeben haben. Es sind die Hände, mit deren Arbeit wir als Familie ernährt wurden. Die uns die Welt gezeigt haben, die uns abgewiesen und die uns gesegnet haben. Deine Hände, die schließlich zu schwach wurden, um eine Tasse oder einen Löffel zu halten. Diese Hände werden auf einmal zu einem wichtigen Kommunikationsmittel. Und wir sind es, die als Sohn und Tochter, als Pflegerin plötzlich tun, was in diesem Lied beschrieben wird. Wir halten jemandem die Hand. Bei Dir war es tatsächlich so: Sogar beim letzten Atemzug am Ende, haben wir Dir die Hand gehalten. Und Dich aus unseren Händen geben müssen. Am 4. März 2018 um 16.40 Uhr mussten wir Deine Hand loslassen. Ein Satz des früheren Bundespräsidenten Horst Köhler ist für uns lebendige Wirklichkeit geworden: „Nicht durch die Hand eines anderen sollen die Menschen sterben, sondern an der Hand eines anderen.“[40] Ich denke noch mal an den Vers aus dem Johannesevangelium, den wir über Deine Traueranzeige geschrieben haben: „Als du jünger warst, hast du dich selbst gegürtet und gingst, wohin du wolltest. Wenn du aber alt geworden bist, wirst du deine Hände ausstrecken und ein anderer wird dich gürten und dich führen …“[41]

Das Halten der Hand geht weit über die Berührung hinaus. Es steht dafür, dass Menschen von Beziehungen leben. Wenn an Demenz erkrankte Menschen in kontinuierlichem Kontakt zu anderen stehen, die mit ihnen in Beziehung treten, dann verringern sich Einsamkeit und Hilflosigkeit. Wer Beziehung erfährt, fühlt sich verstanden. Dieses kann das Elend der fortschreitenden Demenz nicht aufheben, es aber verringern und das Leben mit der Demenz erleichtern oder lebenswerter machen.[42]

---

40 http://www.bundespraesident.de/SharedDocs/Reden/DE/Horst-Koehler/Reden/2005/10/20051008_Rede.html

41 Joh 21,18.

42 Baer/Schotte-Lange Das Herz wird nicht dement, S. 80.

Einen Namen haben: „Ich heiße Johannes“

Lieber Papa! Eigentlich solltest Du Ferdinand heißen. Aber der damalige Pfarrer in Atteln war der Meinung, dass das kein anständiger Name sei. Johannes soll er heißen. So hießen der Pfarrer und auch Dein Vater. In den letzten Monaten vor Deinem Tod ist mir besonders aufgefallen, bis in welche Tiefen hinein Du wusstest, dass Du Johannes heißt. Wer wir waren, das war Dir längst abhandengekommen. Und wann Du geboren bist, das wusstest Du zuletzt auch nicht mehr. Aber wenn wir Dich fragten: „Wie heißt du denn?“, dann war war Dir bis zum Schluss klar: „Ich heiße Johannes.“

Mich beeindruckt immer neu eine Stelle aus dem alttestamentlichen Buch Jesaja (Jes 43,1-2): *„Der Herr spricht, der dich geschaffen hat: Fürchte dich nicht, denn ich befreie dich. Ich rufe Dich bei deinem Namen, mein bist du! Wenn du durch Wasser gehst - ich bin bei dir; wenn durch Ströme -*

sie werden dich nicht überfluten. Wenn du durch Feuer schreitest, wirst du nicht brennen, und die Flamme wird dich nicht versengen.“

Einen Namen tragen und nicht nur eine Nummer sein, bedeutet: nicht auswechselbar und vertauschbar sein. Der Name eines Menschen weist darauf hin, dass jeder Mensch einmalig und einzigartig ist. Im Letzten und im Eigentlichen bleibt er derselbe durch alle Wandlungen seiner Kindheit, seiner Jugend, seines Erwachsenseins und seines Alters. Der Theologe Fulbert Steffensky weist für mich sehr eindrücklich auf den Unterschied zwischen einem Indianernamen und einem Taufnamen hin. Er schreibt: *„Den Indianernamen bekomme ich, wenn ich mich namhaft gemacht habe. Wenn ich also scharf spähen gelernt habe, nennt man mich Adlerauge. Wenn ich schnell laufen gelernt habe, nennt man mich springender Hirsch. Der Indianername ist ein schöner Name, weil er die Stärken des Menschen ehrt. Aber wehe, wenn es nur ihn gibt! … Wehe, wenn man nur angesehen wird, wenn man sich selber ansehnlich gemacht hat! In einer solchen Gesellschaft könnte man nicht Kind sein, nicht alter Mensch, nicht Kranker, nicht Behinderter und nicht Sterbender. Das Schönste, was uns das*

Christentum lehrt, ist die Überzeugung, dass wir nicht sind, weil wir uns verdient haben. Wir sind, weil wir schon vor aller eigenen Liebenswürdigkeit geliebt sind. Unser Name ist schon in die Hand Gottes geschrieben, ehe wir uns namhaft gemacht haben. Ehe wir uns den Indianernamen verdient haben, sind wir mit dem Namen der Liebe gerufen."[43]

Bei Jesaja heißt es: „Gott vergisst keinen Namen". Die Menschen haben sich Hilfsmittel gebastelt, um den Namen nicht zu vergessen. Der Name steht auf dem Bändchen am Gelenk des kleinen Babys, auf der Brotdose für den Kindergarten, auf dem zerlesenen Schulheft, auf dem Reisepass, auf der Taufurkunde. Der Name steht auf dem Schulzeugnis und dem Gesellenbrief, auf dem Führerschein und auf der Steuererklärung, im Stammbuch und im Stammbaum, auf der Trauurkunde, auf der Gesundheitskarte, der Euroscheckkarte, auf der Promotionsurkunde und der Visitenkarte und auf dem Flugticket, auf dem Clubausweis, auf der Überweisung für das Krankenhaus, auf dem Kaufvertrag für das Eigenheim, auf der Patientenverfügung, auf

43 Mit Genehmigung des Radius-Verlags entnommen aus: Fulbert Steffensky, Schwarzbrot-Spiritualität. © 2006 by Radius-Verlag, Stuttgart S. 171f.

dem Röntgenbild und auf dem Rezept für die Schmerztabletten. Der Name ist im Testament zu lesen, in der Traueranzeige und schließlich auf dem Grabstein. Wenn der Grabstein lange stehen bleibt, dann verwittert der Name. Nach Jahrzehnten oder gar Jahrhunderten ist er nicht mehr zu erkennen. Der Name eines Menschen begleitet ihn ein ganzes Leben. Der Name erst macht einen Menschen zur unverwechselbaren Person. Wie ist es, beim Namen gerufen zu werden?

In der Geschäftswelt hat sich durchgesetzt, den Kunden beim Namen zu nennen, damit eine Beziehung entsteht und das zu tätigende Geschäft einen verbindlichen Charakter erhält. Mit der Sprache, mit dem Nennen des Namens ist uns ein wichtiges Mittel in die Hand gegeben. Zwischenmenschliche Beziehungen lassen sich dadurch sehr wirkungsvoll gestalten. Wenn jemand sich keine Namen merken kann und sie immer umgeht, dann schafft er eine kühle und distanzierte Atmosphäre. Sobald eine Person mit Namen genannt wird, ist sie viel stärker in die gemeinsame Arbeit hineingenommen und ihr Selbstwert wird gestärkt. Wer einen Namen ruft, möchte ein Gespräch anfangen; eine Beziehung eingehen. Wenn man jemanden bei seinem Namen ruft, dann weiß man, wer diese Person ist.

Gott möchte genau diese Beziehung mit mir eingehen. Er möchte nicht nur ein oberflächliches Kennenlernen oder nur einen Smalltalk. Im Grunde weiß er genau, wer ich bin. Er hat versprochen, immer bei mir zu sein und egal, was passiert, sich um mich zu kümmern. Bei meinem Namen hat er mich gerufen. Gott kennt meinen Namen – und das ist wichtig.

Vom Liedermacher Stephen Janetzko stammt folgendes Namenstagslied für Kinder:

Es ist schön, dass du bei uns bist,
heut ist ein besonderer Tag.
Du trägst einen guten Namen,
den dir die Familie gab.
Weißt du schon, was er bedeutet
und woher der Name stammt?
Deinem Schöpfer ist dein Name
schon seit langer Zeit bekannt.
Denn Gott sagt: „Fürchte Dich nicht.
Ich habe dich erlöst.
Ich habe Dich beim Namen gerufen."
Es gibt jemanden im Himmel,
der genauso heißt wie du.
Es gibt jemanden im Himmel

und er hört dir gerne zu.
Es gibt jemanden im Himmel,
der dich sieht und an Dich denkt.
So wie Gott mit allen Engeln
dir von Anfang an geschenkt.[44]

44 Stephen Janetzko, Du trägst einen guten Namen, Stephen Janetzko, © Edition SEEBÄR-Musik Stephen Janetzko, www.kinderliederhits.de

Hattet ihr zu Hause auch Kühe?

Lieber Papa, wie oft hat uns in den letzten Jahren unser Sonntagsspaziergang in den Kuhstall des Hofguts von Hamborn geführt. Und im Kuhstall immer die gleiche Frage: „Hattet ihr zu Hause auch Kühe?" Aus unserer Sicht konnte es für Dich hilfreich sein, Dich mit Erinnerungen aus Deiner Vergangenheit anzuregen. Das ist uns oft gelungen. Denn in Deinem Elternhaus gab es in Deiner Kindheit Kühe.

Erhaltene Erinnerungen können den Erkrankten auch kleine Erfolgserlebnisse verschaffen und Sicherheitsgefühle geben. Neben dem eher vernünftig organisierten Fakten- und Zahlenspeicher gibt es auch ein Gedächtnis der Sinne, der Klänge, der Beziehungen: ein Gedächtnis des Erlebens. In der Psychologie und der therapeutisch-beraterischen Praxis wird dieses Gedächtnis des Erlebens als Leibgedächtnis bezeichnet. Leib kennzeichnet in der philosophischen Tradition den erlebenden Menschen. Im Umgang mit demenzkranken Menschen ist die Existenz des leiblichen Gedächtnisses eine große Chance. Wir haben versucht, diese Chance bei Dir zu nutzen. Wo das „einfache" Erinnern nicht mehr gelingt, können andere Gedächtniselemente wie das Körpergedächtnis oder das musikalische Gedächtnis genutzt werden. Wertvolle Ressourcen lassen sich erschließen, wenn es gelingt, hier anzuknüpfen. Dein Gehirn hat sich im Laufe Deiner Krankheit Stück für Stück abgebaut. Im Fortschreiten der Erkrankung hast Du Dein Leben vergessen, vergessen, dass Du Kinder hast, Deine eigene Hochzeit und zum Schluss auch Deine Eltern. Du hast instinktiv reagiert, wenn Erinnerungen an etwas aus Deinem Leben auftauchten. Biografiearbeit hat Deine Erinnerungen aktiviert. Das haben wir gelernt. Im Alltag hat es viele Dinge gegeben, über die wir an die Vergangenheit anknüpfen konnten. Alte Familienbilder haben wir laminieren lassen und sie immer wieder mit Dir betrachtet: „Papa, wer ist das?"

An die Orte Deiner Kindheit sind wir gefahren, in das Dorf, in dem Du groß geworden bist, zu Deinem Elternhaus. An Ortsschildern sind wir stehen geblieben, Du hast die Namen der Orte vorgelesen, die Du seit Deiner Kindheit kanntest. Lieder haben wir mit Dir zu Hause gesungen: „Oh Tannenbaum“ oder „Wer will fleißige Handwerker sehen“ oder „Das Wandern ist des Müllers Lust“. Manchmal sind in Dir Erinnerungen hochgekommen und Du hast mitgesungen, jedenfalls Teile des Liedes. Wir haben gelernt: Fotografien, Alltagsgegenstände oder Lieder können dabei helfen, gemeinsam mit Demenzkranken ins Gespräch zu kommen und Erinnerungen wachzurufen. Biografie- und Erinnerungsarbeit ist ein wichtiges Instrument im Umgang mit Demenzkranken. Wir haben uns mit Dir zusammengesetzt und gemeinsam einen Gegenstand oder ein Foto betrachtet. Weißt Du noch damals? Eventuell lenkt man das Gespräch auch bewusst auf eine Anekdote aus der Vergangenheit. Häufig wird dadurch das Gedächtnis des Erkrankten aktiviert und er beginnt zu erzählen.

Aber wir haben auch die andere Seite erlebt. Eines Abends haben wir im Fernsehen den Film „Der Pianist“ gesehen. Der Regisseur Roman Polanski hat hier die Biografie des polnischen Pianisten Wladyslaw Szpilmann verfilmt. Große Teile des Films spielen im Warschauer Ghetto und zeigen Soldaten, die gegen die dortige Bevölkerung vorgehen. Als wir Dich ins Bett gebracht haben, hast Du auf einmal gefragt:

„Ist der Krieg vorbei?"

„Papa, der Krieg ist 70 Jahre vorbei!", so unsere Antwort.

„Dann ist ja alles gut." Du konntest in Ruhe einschlafen.

Wie stark hat Dich und Deine Generation der Zweite Weltkrieg geprägt! Die Bombenangriffe auf Paderborn im Frühjahr 1945 hast Du miterlebt, als 16-jähriger die Leichenfetzen im Kreuzgang des Paderborner Doms nach dem Angriff vom 22. März 1945 gesehen. Davon hast Du uns immer wieder erzählt. Deine Reaktion auf den Film zeigte: Erfahrungen aus der Vergangenheit sind nicht einfach weg. Sie sind verschüttet. Der Film hat in Dir Erinnerungen an den Krieg freigelegt. Manchmal teilen uns Menschen mit Demenz angstmachende Erinnerungen aus ihrer Lebensgeschichte von sich aus mit. Sie erzählen von Erlebnissen. Oder sie teilen uns die Erinnerungen durch ihr Verhalten mit.

Welch tiefe Spuren hat der Krieg in Deiner Seele hinterlassen. Wie stoßweise tauchen Erinnerungen in Dir auf, Fetzen der Erinnerung mit den dazugehörigen Emotionen.

Was ist kauen? – Ein Mahl fand statt

Lieber Papa, das Märchen „Der alte Großvater und der Enkel“ aus der Sammlung der Brüder Grimm nimmt das Motiv der Verantwortung zwischen den Generationen auf:

„Es war einmal ein steinalter Mann, dem waren die Augen trüb geworden, die Ohren taub, und die Knie zitterten ihm. Wenn er nun bei Tische saß und den Löffel kaum halten konnte, schüttete er Suppe auf das Tischtuch, und es floss ihm auch etwas wieder aus dem Mund. Sein Sohn und dessen Frau ekelten sich davor, und deswegen musste sich der alte Großvater endlich hinter den Ofen in die Ecke setzen, und sie gaben ihm sein Essen in ein irdenes Schüsselchen und noch dazu nicht einmal satt; da sah er betrübt nach dem Tisch, und die Augen wurden ihm nass. Einmal auch konnten seine zitterigen Hände das Schüsselchen nicht festhalten, es fiel zur Erde und zerbrach. Die junge Frau schalt, er sagte aber nichts und seufzte nur.

Da kauften sie ihm ein hölzernes Schüsselchen für ein paar Heller, daraus musste er nun essen. Wie sie da so sitzen, so trägt der kleine Enkel von vier Jahren auf der Erde kleine Brettlein zusammen. ‚Was machst du da?' fragte der Vater. ‚Ich mache ein Tröglein', antwortete das Kind, ‚daraus sollen Vater und Mutter essen, wenn ich groß bin.' Da sahen sich Mann und Frau eine Weile an, fingen endlich an zu weinen, holten sofort den alten Großvater an den Tisch und ließen ihn von nun an immer mit essen, sagten auch nichts, wenn er ein wenig verschüttete."[45]

Auch bei Tisch haben wir die Veränderungen während Deiner Krankheit wahrgenommen. Lange warst Du noch in der Lage, selbstständig die Mahlzeiten einzunehmen. Saft und Wasser konntest Du ohne Hilfe selbst in ein Glas gießen. Diese Eigenständigkeit ließ im Laufe der Zeit immer mehr nach. Der abwaschbare „Schlabberlatz" war lange Dein regelmäßiger Begleiter bei den Mahlzeiten. Wir haben uns nicht gescheut, ihn auch im Restaurant zu benutzen. Nach und nach haben wir gespürt, dass das Essen nicht mehr allein geht. Das klein geschnittene Butterbrot haben wir Dir angereicht. Mittags

45 Kinder - und Hausmärchen. Gesammelt durch die Brüder Grimm. <Berlin/Weimar 1966> S. 337f.

musstest Du „gefüttert“ werden. Dabei wurde unsere Geduld am Ende manches Mal auf die Probe gestellt. Denn das Essen ging nicht mal eben so schnell. „Papa, du musst kauen!“ Aber was ist kauen?

Was tun, wenn ein Mensch vergisst, was kauen ist? Wir wurden erfinderisch. Irgendwann haben wir gemerkt, wenn Du nicht mehr kaust, braucht die Zunge ein Signal, dass da etwas im Mund ist. Kleine Tomaten waren unsere Rettung. Fast ein Jahr lang. Wenn Du nicht mehr gekaut hast, haben wir Dir eine Tomate in den Mund gesteckt. Die Zunge hat gespürt, da ist etwas, ich muss kauen. Manchmal benötigten wir pro Mahlzeit zehn solcher Tomaten. Für uns waren sie ein Segen. Getränke konntest Du in den letzten eineinhalb Jahren nur noch per Strohhalm zu Dir nehmen. Für unterwegs gab es, Gott sei Dank, Kindertrinkbecher, an denen Du saugen konntest. Immerhin eineinhalb Liter Flüssigkeit am Tag. Das kann sehr viel sein. Das war jeden Tag neu eine Herausforderung. Der Esstisch sah manchmal aus wie ein Schlachtfeld. Denn immer öfter fiel Dir von dem Nahrungsbrei etwas aus dem Mund. An dem Ritual des gemeinsamen Essens haben wir bis zum Schluss festgehalten. Für uns war klar: Essen ist mehr als nur Nahrungsaufnahme. Das gemeinsame Mahl ist Gemeinschaft, Normalität des Lebens, Ort des Austausches. Gemeinschaft am Tisch schafft ein Heim und Heimat. Du wusstest: Ich gehöre weiter dazu.

Gemeinsam essen und trinken ist Zeichen der Verbundenheit von Familien, Freunden, Gruppen jeglicher Art, von Religionsgemeinschaften in besonderer Weise im Christentum, da Jesus Christus selbst sich in der Gestalt von Brot und Wein mit den Gläubigen verbindet. Jesus von Nazareth selbst nutzt das Symbol „Mahl" immer wieder in seinen Gleichnissen und Reden. Er setzt sich auch mit denen an einen Tisch, mit denen „man" nicht gemeinsam isst. Und schließlich schenkt er mit dem Letzten Abendmahl vor seinem Leiden und Sterben seinen Jüngern und der Kirche die bleibende Gemeinschaft mit ihm.

Das Letzte Abendmahl hatte in besonderer Weise eine erinnerungs- und gemeinschaftsstiftende Funktion. Essen und Trinken sind notwendig, um zu überleben. Sie halten bekanntermaßen Leib und Seele zusammen. Doch über das reine Ernähren hinaus hat Essen für das menschliche Zusammenleben große Bedeutung. Essen reichen ist mehr als nur ein bloßer Akt des Ernährens. Die Mahlzeiten bildeten für

Dich ein wesentliches Strukturierungselement im Alltag. Frühstück, Mittagessen, Abendbrot unterbrachen den sonstigen Alltag und boten Dir, der Du Dich nicht mehr an den Tagesverlauf erinnern konntest, eine wichtige Orientierungsmöglichkeit. Soweit wie möglich haben wir die Mahlzeiten gemeinsam eingenommen. Die Tischgemeinschaft hatte so eine wichtige gemeinschaftsstiftende Funktion. Jeder hatte am Tisch einen festen Platz. Wenn ein Platz einmal leer war, hast Du auf den leeren Platz geschaut. Deinen Blick wahrzunehmen und darüber ins Gespräch zu kommen, ermöglichte Kommunikation:

„Kornelia ist heute nicht da, sie ist in Detmold."

„Was macht sie da?"

„Sie arbeitet dort."

„Ach so. Und wo?"

Und du kommst an
Und der Tisch ist gedeckt
Und du setzt dich dazu
Und du teilst und empfängst
Und du schmeckst die Liebe
Und du trinkst von der Freundschaft
Und alles wird leicht

Und der Geschmack der Zubereitung
Und der Geschmack der Kelterung
Bleiben auf deiner Zunge
Bleiben in deinem Herzen
Bleiben
(Ilka Scheidgen)

Zeit haben

Lieber Papa, alle reden von der Zeit. Unser Leben wird von der Uhr bestimmt. Zeit ist für viele Luxus. Sie klagen darüber, zu wenig davon zu haben. Manch einer würde langsamer leben, bewusster wahrnehmen, häufiger stehen bleiben, länger genießen, wenn er mehr Zeit hätte. In den sieben Jahren Deiner Pflege war das richtige Zeitmanagement eine der wichtigsten Aufgaben für uns, denn wir sind beide berufstätig. Ohne die Unterstützung durch eine gute Betreuung hätten wir Dich nicht zu Hause pflegen können. Fast fünf Jahre war Wieslawa bei uns. Das hat Dir innere Stabilität gegeben. An Demenz Erkrankte benötigen innere Stabilität. Deswegen haben wir dafür gesorgt, dass sich in Deiner Betreuung möglichst wenig ändert, wir haben immer gemeinsam geschaut, wer wann für Dich da ist. Neben der Pflege und der Zubereitung der Mahlzeiten war es für Dich wichtig, dass immer jemand anwesend war. Denn vor dem Alleinsein hattest Du Angst. Oft ging es nur darum, bei Dir zu sitzen, etwas zu erzählen, mit Dir Fernsehen zu sehen. Und Zeit für die gemeinsamen Mahlzeiten haben wir uns genommen, soweit uns das beruflich möglich war. Sieben Jahre haben wir nach Deiner Zeit gelebt. Private Kontakte und Hobbys wurden auf ein Minimum reduziert, das ist der Preis, den man als Angehöriger eines Demenzkranken zahlen muss. Besser gesagt: zu diesem Preis muss ich bereit sein. Sonst funktioniert eine Pflege über eine so lange Zeit nicht. Verstand und Herz müssen dabei eng zusammenwirken. Der Verstand, der versucht zu verstehen, was die Demenz für Dich bedeutet, das Herz, das bereit ist, diesen Weg mit Dir zu gehen. „Die beste Arznei für den Menschen ist der Mensch. Der höchste Grad an Arznei ist die Liebe." – sagt Paracelsus. Viele Hilfstechniken haben wir uns im Laufe der Pflege angeeignet. Das Wichtigste in der Pflege eines Demenzkranken ist, ihm Zeit zu gönnen und ihn nicht zu hetzen. Der Demenzkranke ist viel langsamer geworden, wenn es darum geht, etwas zu begreifen und sich klar zu werden, was sein Gegenüber denn nun meint, wenn es um Essen und Anziehen geht. Alles braucht mehr Zeit. Menschen mit Demenz benötigen in der Regel auch mehr Zeit, bis Worte, Eindrücke, Sinnesreize sie erreichen und sie darauf eventuell reagieren. Gestorben bist Du, wie ich es auf einem Kalenderblatt gelesen habe, am Krankensonntag. Auf dem Kalenderblatt jenes Tages fand ich ein Zitat des evangelischen Theologen Karl Barth (1886-1968): „Das Zeithaben bezeichnet den Inbegriff aller Wohltaten, die ein Mensch dem anderen erweisen kann. Wenn ich jemandem meine Zeit wirklich schenke, dann schenke ich ihm damit das Eigentlichste und Letzte, was ich überhaupt zu verschenken habe, nämlich mich selbst." Eng mit der Zeit ist die Haltung des Zuhörens verbunden. Die Haltung des Zuhörens hat Michael Ende in seinem Buch „Momo" wunderbar beschrieben:

„Was die kleine Momo konnte wie kein anderer, das war: zuhören. Das ist doch nichts Besonderes, wird nun vielleicht mancher Leser sagen, zuhören kann doch jeder. Aber das ist ein Irrtum. Wirklich zuhören können nur ganz wenige Menschen. Und so wie Momo sich aufs Zuhören verstand, war es ganz und gar einmalig … Dabei schaute sie den anderen mit ihren großen dunklen Augen an, und der Betreffende fühlte, wie ihm auf einmal Gedanken auftauchten, von denen er nie geahnt hatte, dass sie in ihm stecken. Sie konnte so zuhören, dass ratlose und unentschlossene Leute auf einmal ganz anders wussten, was sie wollten. Oder das Schüchterne

sich plötzlich frei und mutig fühlten. Oder das Unglückliche und Bedrückte zuversichtlich und froh wurden. Und wenn jemand meinte, sein Leben sei ganz verfehlt und bedeutungslos und er selbst nur einer unter Millionen, einer, auf den es überhaupt nicht ankommt und er ebenso schnell ersetzt werden kann wie ein kaputter Topf – und er ging hin und erzählte alles das der kleinen Momo, dann wurde ihm, noch während er redete, auf geheimnisvolle Weise klar, dass er sich gründlich irrte, dass es ihn genauso wie er war, unter allen Menschen nur ein einziges Mal gab und dass er deshalb auf seine besondere Weise für die Welt wichtig war.“[46]

Zeit verschenken

In der Zeit,
in der niemand Zeit hat,
schenke ich Dir einen Tag,
schenke ich Dir meine Zeit.
Du kannst frei wählen,
was Du mit meiner Zeit anstellst,
der Tag gehört ganz allein dir.
(Annegret Kronenberg)[47]

---

46 Michael Ende: Momo ©1973 Thienemann in der Thienemann-Esslinger Verlag GmbH, Stuttgart, S. 14

47 Annegret Kronenberg, Gedankenspaziergänge: Gedichte. <Berlin 2009>.

Fußwaschung – Demut

Lieber Papa, zu den abendlichen Ritualen gehörte für uns über Jahre, dass wir Dir die Füße gewaschen haben. Einmal aus ganz praktischen Gründen, um zu schauen, ob es Druckstellen oder Entzündungen an Deinen Füßen gab. So manches Mal haben wir auf diese Weise kleine Wunden entdeckt, die sofort behandelt werden konnten. Dann haben wir gemerkt, dass das warme Seifenwasser Dir guttut, und für die Durchblutung Deiner Füße förderlich ist. Aber neben den praktischen Gründen hatte dieses Ritual für mich eine tiefere Bedeutung. Ich erinnere mich an meine Diakonweihe 1989. Das Evangelium von der Fußwaschung hatten wir uns ausgesucht. Ich erinnere mich an die Liturgie des Gründonnerstages, in der die Fußwaschung ihren Platz hat. In all den Jahren meines priesterlichen Dienstes konnte ich damit wenig anfangen. Das Evangelium ist mir zwar wichtig, aber diese Form der Umsetzung in der Gründonnerstagsliturgie war mir fremd. Wenn man aber über Jahre dazu „gezwungen“ wird, dem eigenen Vater die Füße zu waschen, dann bekommt das Evangelium eine andere Bedeutung. Es wird konkret. Es betrifft mich in besonderer Weise. Da wird mir bewusst, was es heißt, einem anderen Menschen diesen Dienst zu erweisen. Fußwaschung bedeutet, dem anderen in seinen ganz elementaren Bedürfnissen nahe zu sein. Das geschieht häufig lautlos, im Verborgenen, wie eben in der Pflege älterer Menschen in vielen Familien. Mit der Fußwaschung zeigt Jesus, was er unter Liebe versteht: eine geduldige, wirkliche und umfängliche Hinwendung zum anderen.

Füße waschen

Ich sehe Füße vor mir.

Sie tragen die Spuren des Alters, der Wege, der Steine.

Sie erzählen von schönen Strecken und von beschwerlichen Touren. Sie haben Hornhaut angelegt – wie einen Panzer. Aber sie wissen von jeder Delle, von jedem Matsch ein Lied zu singen.

Wie beweglich doch ein Fuß ist!

Leicht federnd ist ein Schritt – wenn es zu einem geliebten Menschen geht.

Hart und schwer ist der Gang – wenn die Last des Lebens auf den Schultern ruht.

Von weitem schon sieht man, wie ein Mensch drauf ist.

Von weitem schon erkennt man ihn an seinem Gang.

Dabei sind es die Füße, die so viel Kraft haben, einmal zu springen – dann im Gleichmaß zu gehen.

Kilometer um Kilometer.

Manchmal rutscht der Druck in die Zehen.

Sie krallen sich fest, sie spielen im Wind, sie sind als erste – im Ziel.

Nur, wenn ich feststehen will, ausruhen möchte oder einfach nur warten –

dann sind es die Hacken, die tragen.

Sie könnte ich auch zusammenschlagen. Unterwürfig und leidenschaftslos. –

Ich muss es nicht.

Füße erzählen

Von den Flüchtlingen, die nach einer langen, beschwerlichen Strecke jetzt irgendwo festhängen, die in Lagern angekommen sind, die auch die letzten Hindernisse erklimmen.

Von den alten Menschen, die nur noch langsam gehen können, Schmerzen haben, die ihre Füße nicht mehr spüren.

Von den Kindern, die mit einer Leichtigkeit und Schwerelosigkeit die Welt erobern, als könnten ihre Füße sie sogar in den Himmel tragen.

Von den Verkäuferinnen und Verkäufern, von den Kellnern, von den Krankenschwestern und Pflegern, die den ganzen Tag auf den Beinen sind, geschwollene Füße haben und sich nur noch lang machen wollen.

Von den Athleten und Läufern, die ihre ganzen Träume in die Füße legen, Millisekunden und weite Sprünge.

Ich sehe aber auch den Rollstuhl, der jetzt tragen muss, was bisher die Füße getragen haben.

Die Füße erzählen viel!

Sie erzählen heute von Zuwendung und Nähe, sie erzählen von Liebe. Von empfangener Liebe. Von Wertschätzung. Von Wichtigkeit.

Einmal im Jahr spielen sie eben in der Liturgie des Gründonnerstags die Hauptrolle. Bei dem Mahl Jesu, das er mit seinen Jüngern feiert. In der Nacht, in der er verraten wird. In der gibt Jesus uns ein Beispiel:

„Es war vor dem Paschafest. Jesus wusste, dass seine Stunde gekommen war, um aus dieser Welt zum Vater hinüberzugehen. Da er die Seinen liebte, die in der Welt waren, liebte er sie bis zur Vollendung. Es fand ein Mahl statt und der Teufel hatte Judas, dem Sohn des Simon Iskariot, schon ins Herz gegeben, ihn auszuliefern. Jesus, der wusste, dass ihm der Vater alles in die Hand gegeben hatte und dass er von Gott gekommen war und zu Gott zurückkehrte, stand vom Mahl auf, legte sein Gewand ab und umgürtete sich mit einem Leinentuch. Dann goss er Wasser in eine Schüssel und begann, den Jüngern die Füße zu waschen und mit dem Leinentuch abzutrocknen, mit dem er umgürtet war. Als er zu Simon Petrus kam, sagte dieser zu ihm: Du, Herr, willst mir die Füße waschen? Jesus sagte zu ihm: Was ich tue, verstehst Du jetzt noch nicht; doch später wirst Du es begreifen. Petrus entgegnete ihm: Niemals sollst Du mir die Füße waschen! Jesus erwiderte ihm: Wenn ich Dich nicht wasche, hast Du keinen Anteil an mir. Da sagte Simon Petrus zu ihm: Herr, dann nicht nur meine Füße, sondern auch die Hände und das Haupt. Jesus sagte zu ihm: Wer vom Bad kommt, ist ganz rein und braucht sich nur noch die Füße zu waschen. Auch ihr seid rein, aber nicht alle. Er wusste nämlich, wer ihn

ausliefern würde; darum sagte er: Ihr seid nicht alle rein.

Als er ihnen die Füße gewaschen, sein Gewand wieder angelegt und Platz genommen hatte, sagte er zu ihnen: Begreift ihr, was ich an euch getan habe? Ihr sagt zu mir Meister und Herr und ihr nennt mich mit Recht so; denn ich bin es. Wenn nun ich, der Herr und Meister, euch die Füße gewaschen habe, dann müsst auch ihr einander die Füße waschen. Ich habe euch ein Beispiel gegeben, damit auch ihr so handelt, wie ich an euch gehandelt habe.“[48]

48 Joh 13,1-15

Liebe deinen Nächsten wie dich selbst

Lieber Papa, er ist eine berühmte Figur der Bibel, obwohl er nur in einem Gleichnis auftaucht, einer, den es historisch nicht gegeben hat, den wir aber in unserer Wirklichkeit immer wieder getroffen haben: das ist der barmherzige Samariter. Er hat einen Verletzten gesehen, erstversorgt und dann in professionelle Hände abgegeben. Er sagt mir, dass wir mit dem, was uns das Leben zumutet, nicht allein fertig werden müssen. Es gibt andere, die mir zur Seite stehen, die mittragen, die zupacken, die Verantwortung übernehmen. Als pflegender Angehöriger darf und muss ich das akzeptieren und zulassen. Wie dankbar waren wir, dass wir in all den Jahren nicht allein dastanden. Wir brauchten die Hilfe anderer. Das war der Schlüssel dafür, dass wir uns unaufgeregt und menschlich für Dich einsetzen konnten. Heilsam ist es, wenn wir aufhören zu meinen, dass wir das alles allein bewerkstelligen müssen.

Es gibt Menschen, die helfen können und helfen wollen. Ohne Selbstsorge geht die häusliche Pflege über Jahre nicht. Selbstsorge beinhaltet für jeden Menschen etwas anderes und wird deshalb auf unterschiedlichen Wegen erreicht. Es ist von den Bedürfnissen des Einzelnen abhängig und umfasst die geistige, psychische und körperliche Gesundheit des Pflegenden. Ich darf und muss auch an mich selbst denken.

Lieber Papa, im Laufe der Krankheit haben sich unsere Rollen immer mehr verändert. Du bist zum Kind geworden und wir haben immer mehr die Elternrolle eingenommen. Da gilt es nichts zu beschönigen: Das ist ein schwieriger Prozess. Wir haben für uns die Entscheidung getroffen, Dich zu Hause zu pflegen. Jeder Tag hat uns da vor neue Herausforderungen gestellt. In der späteren Phase der Krankheit musstest Du permanent versorgt werden. Ohne entsprechende Unterstützung – auch durch eine Betreuerin und ein gutes Netzwerk geht das neben dem Beruf nicht: immer hellwach sein, aufpassen, eingreifen, sorgen.

Manchmal wussten wir auch nicht, ob wir weiter die Kraft haben. Ich verstehe Angehörige, die damit völlig überlastet sind. Bei aller Belastung haben wir durchgehalten. Das gute

Miteinander mit der Betreuerin, vor allem Dein Lächeln, wenn Du uns sahst, und Deine Dankbarkeit haben uns Kraft gegeben. Die Jahre der Pflege waren eine besondere Schule des Lebens. Wer sich um Demenzkranke kümmert, der muss lernen, sich in den Demenzkranken hineinzuversetzen. Das heißt auch, eigene Interessen hintanzustellen. Hans Stolp spricht von der „Meisterschaft über die eigenen Emotionen".[49] Dankbar waren wir für praktische Hilfen, um zu lernen, wie man Demenzkranke und Pflegefälle richtig versorgt.[50] Jeder Pflegende muss für den Kranken und für sich selbst sorgen. Im Laufe der Krankheit haben wir gespürt, dass die gemeinsame Lebenswelt zerbricht, die Pflege hatte große Auswirkungen auf unsere persönlichen Lebensumstände. Ohne Verstehen dessen, was in Dir passiert, geht es nicht. Und wir mussten lernen, die Grenzen der eigenen Belastbarkeit zu akzeptieren. Grifftechniken, um Dich zu bewegen, sind das eine, das andere, viel Wichtigere und Entscheidende aber war die Haltung des

49 Stolp, Demenz, S. 65f: Professionelle Pflegekräfte und pflegende Angehörige bringen ein Opfer.

50 So bietet z. B. das Brüderkrankenhaus in Paderborn einen Kurs „Zur häuslichen Pflege von Demenzkranken" an, oder das St. Johannesstift Kurse „Kinästhetik" das sind Kurse für pflegende Angehörige, in denen im Vordergrund steht, wie sie ihre Bewegungen bei der Pflege so ausführen können, dass sie keine Belastung für sie darstellen.

verstehenden Mitgefühls Dir gegenüber.[51] Da warst Du unser Lehrmeister. Du hast uns etwas gelehrt, was uns sonst niemand anderes hätte beibringen können. Dennoch ist es wichtig, die eigenen Grenzen zu berücksichtigen und sich nicht schuldig zu fühlen, wenn die Versorgung eines nahen Angehörigen an andere übergeben werden muss, weil der Pflegende an die Grenzen seiner eigenen Möglichkeiten gekommen ist.

Lieber Papa, Selbstsorge und Mitsorge, beides ist wichtig. Mitsorge für einen Kranken heißt, sich in seine Gefühlswelt hineinzuversetzen. Gespür zu haben für die kleinen Zwischentöne, Aufmerksamkeit für die kleinen Gesten, für ein beruhigendes Wort, für eine wohltuende Umarmung. Ich lese noch einmal das Gleichnis vom barmherzigen Samariter:

„Ein Mann ging von Jerusalem nach Jericho hinab und wurde von Räubern überfallen. Sie plünderten ihn aus und schlugen ihn nieder; dann gingen sie weg und ließen ihn halbtot liegen. Zufällig kam ein Priester denselben Weg herab; er sah ihn und ging vorüber. Ebenso kam auch ein Levit zu der Stelle; er sah ihn und ging vorüber. Ein Samariter aber, der auf der Reise war, kam zu ihm; er

51 Baer/Schotte-Lange, Das Herz wird nicht dement, S. 113f.

sah ihn und hatte Mitleid, ging zu ihm hin, goss Öl und Wein auf seine Wunden und verband sie. Dann hob er ihn auf sein eigenes Reittier, brachte ihn zu einer Herberge und sorgte für ihn. Und am nächsten Tag holte er zwei Denare hervor, gab sie dem Wirt und sagte: Sorge für ihn, und wenn du mehr für ihn brauchst, werde ich es dir bezahlen, wenn ich wiederkomme."[52]

Das passende Maß von Selbstsorge und Mitsorge bei der Pflege eines demenzkranken Angehörigen zu finden, ist notwendig und eine große Herausforderung. Pflegende waren und sind es gewohnt, sich selbst zurückzustellen. Aber sich aufopfern und dabei untergehen ist nicht das, was Jesus hier aufzeigt. Der barmherzige Samariter weiß auch, wo seine Grenzen sind. Das Gleichnis zeigt, dass persönliche Hilfe und die Inanspruchnahme professioneller Hilfe sich ergänzen sollten. Der barmherzige Samariter hat kapiert, das Nächstenliebe nicht auf Kosten der Selbstliebe gehen kann. Er kann sich abgrenzen und lässt sich von der Not des anderen nicht auffressen. Also: Erbarmen – Ja! Sich berühren lassen, sich im Alltag unterbrechen lassen – Ja! Unangenehmes in Kauf nehmen – Ja! In die Knie

52 Lk 10, 30-35.

gehen, in den Dreck und Straßenstaub – Ja! Sich aufopfern – Nein! So wie der barmherzige Samariter für den Überfallenen sorgt, so weiß er auch für sich zu sorgen. Und darin könnt ihr ihn zum Vorbild nehmen, sagt Jesus.

Die Welt ist ihm abhandengekommen

Lieber Papa, das dritte Kapitel des Buches Jesus Sirach (Sir 3,12-14) beschäftigt sich mit dem rechten Verhalten der Kinder gegenüber ihren Eltern – besonders dann, wenn diese alt geworden sind:

„Die Ehre eines Menschen ist die seines Vaters; wer seine Mutter verachtet, sündigt schwer. Mein Sohn, wenn dein Vater alt ist, nimm dich seiner an, und betrübe ihn nicht, solange er lebt. Wenn sein Verstand abnimmt, sieh es ihm nach, und beschäme ihn nicht in deiner Vollkraft! Denn die Liebe zum Vater wird nicht vergessen, sie wird als Sühne für deine Sünden eingetragen. Zur Zeit der Bedrängnis wird sie dir vergolten werden; sie lässt deine Sünden schmelzen wie Wärme den Reif. Wie ein Gotteslästerer handelt, wer seinen Vater im Stich lässt, und von Gott ist verflucht, wer seine Mutter kränkt.“ [53]

---

53 Sir 3,11-16

Wenn sein Verstand abnimmt, sieh es ihm nach, und beschäme ihn nicht in deiner Vollkraft! Demenz ist eine Krankheit, während deren Verlauf sich der Verstand immer mehr verabschiedet und man einen Menschen verliert. Ein Mensch stirbt mitten im Leben. Das ist Trauerarbeit, denn ich muss mich verabschieden von einem Menschen, der aber noch lebt. Und ich muss weiterleben mit einem Menschen, der mir immer fremder wird und dem ich fremd bin. Das Leben mit einem dementen Angehörigen kann einsam machen. Zum einen bleibt oft weder Zeit noch Kraft, eigenen Interessen nachzugehen. Zum anderen lebt man mit einem Menschen, der einem früher sehr nahestand, und der nun zu einem ganz anderen geworden ist. Diese Frau, diesen Mann hatte man damals nicht geheiratet. Und ich habe Dich so nicht erlebt. Du bist nicht mehr der Mann, der mich als Kind zur Schule gebracht hat. Es gibt kaum ein Miteinander im Heute. Die gemeinsame Geschichte ist für den Dementen immer mehr verschüttet. Man verliert einen Menschen, der nach wie vor gegenwärtig ist.

Lieber Papa, trotzdem bist Du unser Vater geblieben. Bei allem, was mehr und mehr verloren gegangen ist, war auch noch vieles von Dir da! Wir haben festgestellt, dass Freunde und

Bekannte sich mehr und mehr zurückgezogen haben. Demenzkranke sind vielen keine angenehme Gesellschaft, sie sind peinlich, sie verunsichern. In der Anfangsphase einer Demenz gibt es ja immer wieder klare Momente und die können schrecklich sein.

Ist die Demenz erst einmal voll etabliert, dann werden die Kranken gar nicht so sehr darunter leiden, vorausgesetzt, das Umfeld stimmt. Aggressionen bei Dementen haben ihre Ursache meist in einer Überforderung. Der Demenzkranke versteht zwar, dass irgendjemand irgendetwas von ihm will, aber was? Und wer ist diese fremde Person, die schon wieder etwas von mir will? Professionelle Pflegekräfte werden lernen, differenziert und angemessen zu reagieren, sodass es gar nicht zu dieser Überforderung kommt. Dafür ist vor allem auch ein gesichertes Milieu wichtig. Ein Grundprinzip ist, möglichst wenig Wechsel, weder große personelle Wechsel noch Ortswechsel! „Ich habe mich sozusagen selbst vergessen", sagte Auguste Deter. Sie war 1901 in die Frankfurter Irrenanstalt eingeliefert worden. Sie ging als erster Alzheimerfall in die Medizingeschichte ein. Auguste Deter bringt mit dem zitierten Satz zum Ausdruck, dass Demenzerkrankungen keine leiblichen Defekte sind, die die Medizin korrigieren könnte. Vielmehr müssen wir begreifen, dass eine völlig neue Bevölkerungsgruppe Teil unserer Gesellschaft ist, fremdartiger als manche uns fremdartig vorkommenden Lebenweisen, die durch den Zuzug von Menschen aus der ganzen Welt in unser Land gekommen sind.[54]

Lieber Papa, unsere größte Angst war, dass Du irgendwann einmal wieder ins Krankenhaus musstest. Gott sei Dank blieb uns das erspart. Für uns war immer klar, dass ein Krankenhausaufenthalt nur funktioniert, wenn jemand von uns mit Dir auf dem Zimmer ist und für den gewohnten klaren Tagesablauf sorgt. Jemand, der Dich kennt und Deine Reaktionen richtig deuten kann. Der Dir die Mahlzeiten reicht und Flüssigkeit, der Dich auf die Bettkante setzt und – soweit möglich – mit Dir Bewegungsübungen macht. Der Dich in den Rollstuhl setzt, damit Du nicht den ganzen Tag auf die weiße Decke starren musst. Ansonsten wäre Dir in diesem unbekannten Umfeld noch mehr von Deiner Welt abhandengekommen.

Die wichtigste Medizin bei Demenz, über die wir bis heute verfügen, sind Liebe, Zuneigung

---

54 Mathwig, Rationalität, Vergessen, Demenz, S. 47.

und aufrichtiger Respekt. Darüber hinaus ist die Kenntnis der verborgenen Aspekte des Demenzprozesses unerlässlich.[55]

Von Friedrich Rückert stammt folgendes Gedicht:

Ich bin der Welt abhandengekommen,
mit der ich sonst viele Zeit verdorben,
sie hat so lange nichts von mir vernommen,
sie mag wohl glauben, ich sei gestorben!

Es ist mir auch gar nichts daran gelegen,
ob sie mich für gestorben hält,
ich kann auch gar nichts sagen dagegen,
denn wirklich bin ich gestorben der Welt.

Ich bin gestorben dem Weltgetümmel,
und ruh' in einem stillen Gebiet!
ich leb' allein in meinem Himmel,
in meinem Lieben, in meinem Lied!

---

55 Stolp, Demenz, S. 131.

Lebensatem

Lieber Papa, in meiner Pfingstpredigt habe ich die Zuhörer gebeten, einmal bewusst wahrzunehmen, dass sie atmen. Das Atmen gehört zu den selbstverständlichen und lebensnotwendigen Funktionen unseres Körpers. Die griechische Sprache übersetzt das Wort „pneuma“ nicht mit Heiliger Geist, sondern mit Luft, Windhauch, Lebensatem. Als die Mönche des 8. und 9. Jahrhunderts in ihren Klosterschreibstuben das lateinische „spiritus sanctus“ in ihre Muttersprache übersetzten, sprachen sie vom heiligen Atem. Das Alte Testament der Bibel gebraucht das Wort „ruach“. Die ruach ist der Lebensatem, die göttliche Kraft, die alles in das Leben ruft. Gottes ruach wird bei der Erschaffung des Menschen erwähnt. Gott blies dem Menschen seine ruach, seinen Lebensatem in die Nase ein, dadurch wurde der Mensch zu einem lebendigen Wesen. Im Altjapanischen wird Leben gleichgesetzt mit der „Macht der Atmung“.

Lieber Papa, dem Eintrag in Deinem Geburtsregister in Atteln entnehme ich, dass Du am 10. Februar 1929 um 10.45 Uhr Deinen ersten Atemzug getan hast. Interessant: Das Leben eines Menschen nach der Geburt beginnt mit dem Einatmen. In der jüdischen Glaubenstradition gibt es die Vorstellung, dass die Geburt der erste Kuss Gottes ist. Das Leben wird eingehaucht. Das Sterben hingegen ist der letzte Kuss. Gott nimmt den Atem zurück. Und dazwischen spielt sich die Liebesgeschichte Gottes mit den Menschen ab. Mit dem göttlichen Ein-Atmen wird uns in biblischer Bildersprache gezeigt: Alles Leben, alle Vitalität kommt aus dieser Einatmung, lateinisch Inspiration. Erst der göttliche Hauch macht uns Menschen lebendig und beziehungsfähig, gemeinschaftsfähig, bringt Schwung und Dynamik ins Leben, gibt Energie, Schaffenskraft, Lebensfreude. Was hast Du in Deinem Leben nicht alles eingeatmet: Düfte, unangenehme Gerüche, den Brandgeruch der brennenden Stadt Paderborn 1945. Und wie oft hast Du in Deinen 89 Lebensjahren ein- und ausgeatmet.

In den allermeisten Stunden unseres Lebens denken wir nicht daran, dass wir atmen. Wir atmen und leben, als wenn es das Selbstverständlichste der Welt wäre. Aber es ist nicht selbstverständlich. Leben ist immer Geschenk, jeden Atemzug neu. Ab und zu, wenn wir außer Atem kommen, wenn wir älter oder krank werden, spüren wir unseren Atem. Oder wenn wir schwer unter Druck sind und dann tief durchatmen dürfen, merken wir die Wohltat, wieder gut Luft zu bekommen. Gut atmen können ist immer ein Wunder, das uns bewusst macht: An einem hauchdünnen Faden hängt unser Leben, hängt unsere Lebendigkeit.

Im Glauben bekennen wir, dass uns Gott den Lebensatem eingehaucht hat und uns in ihm ununterbrochen am Leben erhält. Gott hält uns in Atem, ohne uns außer Atem zu bringen. Gott ist uns im Atem so nahe, wie er uns nicht näher sein kann. So wenig, wie wir den Atem spüren, spüren wir meistens auch Gott kaum. Dennoch: Wir leben in und aus Gott. Bis in unser Beten hinein – so bekennt ein gern gesungenes Lied – sind wir mit ihm verbunden: „Du bist mein Atem, wenn ich zu Dir bete“.

Am 4. März 2018 um 16.40 Uhr hast Du Dein Leben wieder ausgeatmet. Wir durften dabei sein und Deine Hände halten. Du hast noch einmal Luft geholt und ausgeatmet. Ganz gelassen und ohne Angst. Und Du hast mir Deinen

Lebensatem ins Gesicht gehaucht. Dann war es still …

Dein Leben begann mit dem Einatmen, dem ersten Atemzug am Tag Deiner Geburt. Dein Leben endete mit dem Ausatmen, dem letzten Atemzug am Tag Deines Todes.

Luft
A t e m
Lebensatem
Das Leben atmen
einatmen – ausatmen
aufnehmen und abgeben
rhythmische Wiederholung
Spannung und Entspannung
Sehnsucht nach dem Gleichgewicht
Der mich atmen lässt, bist du, lebendiger Gott.
(Quelle unbekannt)

Dankbarkeit

Lieber Papa, Francis Bacon hat einmal gesagt: „Nicht die Glücklichen sind dankbar. Es sind die Dankbaren, die glücklich sind.“ Das Lebensglück hängt weniger von idealen Umständen ab als von der Fähigkeit, dankbar zu sein. Aber: Kann man dankbar sein, wenn man einen Angehörigen sieben Jahre gepflegt hat? Sicher, wir haben Tage hinter uns, da wussten wir nicht, wie es weiter gehen kann. Wir haben Tage hinter uns, da haben wir uns gefragt: Wie lange schaffen wir das noch? Wir haben es geschafft. Wir konnten Dich bis zum letzten Atemzug zu Hause pflegen.

Die letzten sieben Jahre Deiner Demenz waren nicht nur Schrecken. Wir sind dankbar für alles, was wir in dieser Zeit gemeinsam erleben durften. Die Erinnerung an diese Zeit kann uns keiner nehmen. Wir sind dankbar für die Unterstützung, die wir in den Jahren erfahren durften. Allein hätten wir es nicht geschafft.

Wir sind dankbar für die Kraft, die wir immer wieder bekommen haben, um weiterzumachen. Und auch Du warst dankbar. Deine Dankbarkeit äußerte sich nur selten im Wort „Danke“. Sie äußerte sich in einer Zufriedenheit, die wir bei Dir wahrnehmen konnten, in dem Lächeln, wenn wir nach Hause kamen. In der Art, wie Du Dich auf das Mittagessen gefreut hast. In Deiner Äußerung gegenüber Wieslawa: „Du bist meine beste Freundin.“ Für einen Demenzkranken eine vielsagende Äußerung im Sinne von: Ich bin froh, dass du da bist, ich bin dir dankbar für alle Hilfe.

Einmal sagte mir jemand: „Was mutet euer Vater euch eigentlich zu? Das würde ich von meinen Kindern nie erwarten.“ Du hast das von uns auch nicht erwartet. Und vom Verstand konntest Du hinterher auch nicht reflektieren, was Du uns zumutest. Im Wort Zumutung steckt das Wort Mut. Wir hatten den Mut, uns auf diese Wegstrecke mit Dir einzulassen. So konnten wir Dir ein wenig an Dank zurückgeben für das, was Du für uns in früheren Jahren getan hast. Danke auch für die Lebenserfahrung, die wir in diesen Jahren mit Dir teilen durften. Und was wir über das Leben lernen durften. Demenz macht eine angepasste Kommunikation unter veränderten Bedingungen nötig. Für das Leben eines an Demenz erkrankten Menschen bedarf es neuer Maßstäbe. Das galt es zu lernen.

Mag sein, dass dem ein oder anderen gar nicht nach Danken zumute ist, weil ihn die (Pflege-)Situation erdrückt. Auch wir waren in den sieben Jahren nicht nur für jeden Tag dankbar. Ein Problem sind meine Erwartungen. Welche Anforderungen muss der Tag nicht alle mit sich bringen, damit ich zufrieden bin? „Glück gibt es nur, wenn wir vom Morgen nichts verlangen und vom Heute dankbar annehmen, was es bringt", antwortet darauf Hermann Hesse. Dankbarkeit ist eine bewusste Entscheidung. Die Bibel erinnert mich: „Sei dankbar in allen Dingen" (1. Thess 5,18). Auch Dag Hammerskjöld wusste, dass es eine Grundsatzentscheidung ist, dankbar in die Zukunft zu gehen, als er sagte: „Für das Vergangene – Dank. Für das Kommende – Ja." Es ist eine bewusste Entscheidung, wie ich in meinen Pflegealltag hineingehe. Jeden Tag. Dankbar oder ständig unzufrieden. Ein Spruch von Jean-Baptiste Massilon (1663-1742) umschreibt, was für uns am Ende der sieben Jahre besonders passt: „Dankbarkeit ist das Gedächtnis des Herzens". Diese Dankbarkeit des Herzens kann uns niemand nehmen.

Wenn ich einmal dement werde …

Wenn ich einmal dement werde …
soll mein Leben einfach und überschaubar sein.
Es soll so sein, dass ich
jeden Tag das Gleiche mache.
Jeden Tag zur gleichen Zeit.

Wenn ich einmal dement werde …
musst Du ruhig zu mir sprechen,
damit ich keine Angst bekomme
und nicht das Gefühl entsteht,
dass Du böse mit mir bist.
Du sollst mir immer erklären, was Du tust.

Wenn ich einmal dement werde …
kann ich vielleicht nicht mehr
mit Messer und Gabel essen,
aber bestimmt sehr gut mit den Fingern.

Wenn ich einmal dement werde …
und Panik bekomme, dann bestimmt,
weil ich an zwei Dinge gleichzeitig denken soll.

Wenn ich einmal dement werde …
bin ich meistens leicht zu beruhigen;
nicht mit Worten,
sondern indem Du ganz ruhig neben mir sitzt
und meine Hand ganz fest hältst.

Wenn ich einmal dement werde …
habe ich das Gefühl, dass andere mich schwer verstehen,
und genauso schwer ist es für mich,
andere zu verstehen.
Mach Deine Stimme ganz leise und sieh mich an,
dann verstehe ich Dich am besten.
Mach nur wenig Worte und einfache Sätze.

Wenn ich einmal dement werde …
sieh mich an und berühre mich,
bevor Du mit mir sprichst.
Vergiss nicht, dass ich oft vergesse.

Wenn ich einmal dement werde …
möchte ich Musik von damals hören,

doch ich hab vergessen, welche.
Erinnere Du Dich und lass sie uns zusammen hören.
Ich mag gern singen, jedoch nicht allein.

Wenn ich einmal dement werde …
denke daran, dass ich nicht alles verstehe,
doch mehr als Du manchmal denkst.[56]

56 (Verfasser leider unbekannt) In: Ich träume von einem Land, in dem Demenz Leichtigkeit bekommt, Werkmappe des Bistums Rottenburg-Stuttgart

Schlussakkord: Predigt zur Beerdigung meines Vaters

In seinem Tagebuch schreibt Max Frisch vom Sterben: „Heute fragt Ursel, unsere Sechsjährige, ob ich gerne sterbe. Alle Leute müssen sterben, aber gerne stirbt niemand."[57] Der Tod, liebe Schwestern und Brüder ist für uns die „terra incognita", das unbekannte Gelände hinter dem Horizont unseres Daseins. Er ist der große weiße Fleck auf der Karte unseres Weltbildes. Wir alle wissen: Einmal müssen wir hinüber und ein jeder von uns hat, ob er will oder nicht, schon Pass und Visum für diese Reise in seiner Tasche. Der Tod ist das einzige Geschehen in unserem Leben, das wir gedanklich nicht vorwegnehmen können. Wie er sein wird, können wir nicht sagen. Unser Vater hat am Sonntag sein Leben einfach ausgehaucht, noch einmal zwei Atemzüge

57 Max Frisch, Tagebuch 1946–1949. <Frankfurt 1950> S. 349 f.

in seinem Sessel und dann war es still. Ganz entspannt, ohne Angst, ohne Panik. Das ist Gnade.

Die Frage, wie das denn wohl ist, wenn er einmal stirbt, stand für uns in den letzten sieben Jahren nicht im Mittelpunkt. Uns beschäftigte die Zeit vorher. Mehr als sieben Jahre haben die Parkinson- und die Demenzerkrankung sein und unser Leben bestimmt. In den letzten Jahren ist viel über die Demenzerkrankung geschrieben worden. Bücher wie „Der alte König in seinem Exil" oder der Film „Honig im Kopf" mit Dieter Hallervorden (den wir uns Weihnachten mit unserem Vater angeguckt haben). Aber kein Buch ist mir in dieser Zeit so ans Herz gewachsen wie das von Inge Jens: „Langsames Entschwinden – vom Leben mit einem Demenzkranken". Inge Jens ist die Frau des Schriftstellers Walter Jens, der in seinen letzten Lebensjahren schwer an Demenz erkrankt war. Sie hat sich mit der Frage beschäftigt: Ist ein solches Leben noch lebenswert? Auch uns wurde über unseren Vater gesagt: Das ist doch kein Leben mehr.

Wer – um Gottes willen – beurteilt, wann ein Leben lebenswert ist oder nicht? Und welche Kriterien legen wir an, wenn wir über ein lebenswertes Leben nachdenken? Die Maßstäbe der Erfolgreichen? Die alles selbst machen können? Ist ein Leben lebenswert, wenn ich es möglichst ohne die Hilfe anderer gestalten kann?

In den langen Jahren mit all den Höhen und Tiefen, die wir hinter uns haben, haben wir eine Menge über das Leben gelernt und über das Wesen der Demut. Die letzten Jahre unseres Vaters waren nicht nur Schrecken. Und eine ansteckende Krankheit hatte er auch nicht. Für ihn waren die ersten Jahre der Krankheit hart, wo er noch gemerkt hat, was mit ihm war: Was habt ihr eine Arbeit mit mir … Da realisierte er sein Nicht-mehr-Können ganz genau. Aber sein Schaltzentrum ließ immer mehr nach. Die Umsetzung des Gedachten, Erinnerten, Geschehenen oder Empfundenen in Sprache wurde schwierig. Alles reduzierte sich in den letzten Monaten auf Ja oder Nein, manchmal schnappte er Worte aus dem Fernseher auf, deren Zusammenhang wir erahnten oder auch nicht mehr deuten konnten. Manchmal war er auch klar und erkannte einen von uns. Bei all dem war er zufrieden. Und wir haben gelernt, mit der Krankheit zu leben, sie war auch Teil unseres Lebens. Eine eigene Welt war es, in die er versunken war. Auf unsere Anreden oder Vorschläge konnte er nur noch eingeschränkt reagieren. Vertraute Menschen konnte er allenfalls noch als Mobiliar in seiner Umgebung einordnen: Stets vorhanden, unentbehrlich, manchmal angenehme Gefühle auslösend, wissend: Ich bin nie allein. Aber wer wir waren? Seine Kinder? Oder sein Vater auf einem Bild oder seine Mutter? Dass er mal verheiratet war? Das war alles weg. Johannes heiße ich: Das wusste er bis zum Schluss. Aber wann er geboren war – Fehlanzeige. Zu den Highlights des Tages gehörten die Spaziergänge am Nachmittag, die ersten Jahre noch recht selbstständig mit dem Rollator bis zum Bäcker, aber es wurde immer beschwerlicher, die letzten Monate draußen im Rollstuhl. In der Wohnung kleine Gänge damit er beweglich blieb, dreimal die Wochen Krankengymnastik, bis vor zwei Jahren noch Logopädie-Übungen und da konnten wir auch noch Kinderlieder mit ihm singen: Wer will fleißige Handwerker sehen.

Und was haben wir in all den Jahren nicht alles mit ihm unternommen: neunmal auf der Insel Föhr, bepackt wie ein Lazarettwagen, dreimal im Schwarzwald nach Todtnauberg, mit dem Rollstuhl auf dem Weg zum Feldberg, erst als der Motor des Rollstuhls heiß lief, haben wir die Aktion abgebrochen. Denn wie will man der Krankenkasse klar machen, dass der Motor eines fast 90-Jährigen in höchster Pflegestufe auf dem Weg zum Feldberg durchgebrannt ist … In Aachen waren wir und in den Herrenhäuser-Gärten, im Zoo in Münster und Hannover, sonntags in Schloss Hamborn im Kuhstall immer mit der gleichen Frage: Hattet ihr auch Kühe zu Hause? Und mit dem Auto nach Atteln: „Guck mal, hier biste geboren.“ Sein Schulkollege Franz saß oft auf der Bank in der Dorfstraße, bis er eines Tages auch gestorben war.

Viel Spaß haben wir mit ihm zu Hause gehabt, nicht über ihn gelacht, aber mit ihm. Manches konnte man auch nur mit einer gehörigen Portion Ironie ertragen. Der Wille zum Leben ist in ihm vorhanden gewesen, der feste Händedruck. Auch als Demenzkranker ist er ein Mensch und er bleibt ein Mensch. Ein großartiges Erlebnis, mitzubekommen, bis zu welchen Tiefen ein Mensch ein Mensch bleibt. Und zu erfahren: Was lebt, will leben. Und dann soll er leben dürfen. Dann stellt sich nicht die Frage, ob das Leben noch eines Lebens würdig ist …

Nichts haben wir getan, was dieses Leben künstlich verlängert hätte, aber es steht uns auch nicht zu, es zu verkürzen. Wir sind sehr vorsichtig geworden im Laufe der jahrelangen Krankheit mit der Bewertung: „Das ist doch kein Leben mehr …“ Versteckt haben wir ihn nie.

Überall war er dabei, der Katheder machte es ja möglich: einkaufen im Aldi, mal in den Südring mit dem Rollstuhl. Ihm wurde der Korb auf den Schoß gesetzt und der Mann bis zur Nasenspitze zugepackt. Auf Libori waren wir mit ihm, auf dem Weihnachtsmarkt, zur Liborivesper im Dom, das war ihm seit Jahrzehnten wichtig.

In welcher Gesellschaft leben wir? Und wohin geht sie? Hightech-Medizin? Als Demenzkranker können Sie im Krankenhaus verhungern, weil keiner Zeit hat. Da denken wir ernsthaft darüber nach, ob in den Altenheimen nicht Roboter angeschafft werden sollen, weil wir nicht mehr das Personal zur Versorgung der fast drei Millionen Pflegebedürftigen in unserem Land haben. Wird mir demnächst mal ein Roboter die Hand halten? Unser Vater brauchte einfach Zeit und Sicherheit, weil ihm sein bisheriger Lebensrahmen abhandengekommen war. Zeit, um einen Zugang zu seiner völlig anderen Weltsicht zu finden und ihn in Ansätzen zu verstehen. Gestorben ist er, wie ich es auf einem Kalenderblatt gelesen habe, am Krankensonntag. Auf dem Kalenderblatt fand ich ein Zitat des evangelischen Theologen Karl Barth: „Das Zeithaben bezeichnet den Inbegriff aller Wohltaten, die ein Mensch dem anderen erweisen kann. Wenn ich jemandem meine Zeit wirklich schenke, dann schenke ich ihm damit das Eigentlichste und Letzte, was ich überhaupt zu verschenken habe, nämlich mich selbst."

So waren und sind wir mit ihm verbunden. Es gilt, die Welt, in der ein Dementer sich zurechtfinden muss, als eine Realität zu respektieren, die dem Erfahrungsbereich eines Gesunden gleichwertig ist. So gibt es in der Rückschau viel Grund zur Dankbarkeit für all die Jahre, die wir mit ihm erlebt haben.

Vor Jahren wollte er immer nach Hause. Wir haben gerätselt, was das wohl ist. Später war sein Sessel, sein Stuhl, sein Bett sein Zuhause.

Ich will nach Hause …

Jetzt glauben wir, dass unser Vater zu Hause ist, bei Gott. Die Eucharistiefeier hier in der Kirche ist ein Zeichen unserer tiefsten Hoffnung, die uns in dieser Stunde des Abschieds erfüllt. Dass er jetzt angekommen ist bei Gott.

Amen.

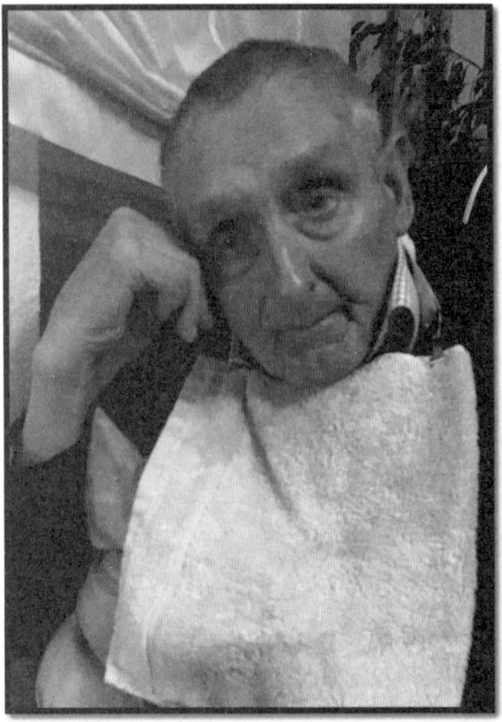

Johannes Kurte
1929 – 2018